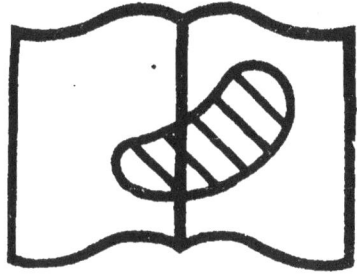

Original en couleur

NF Z 43-120-8

Couverture inférieure manquante

EUGÈNE DROT

RECUEIL DE DOCUMENTS

TIRÉS DES

ANCIENNES MINUTES DE NOTAIRES

DÉPOSÉES

AUX ARCHIVES DÉPARTEMENTALES DE L'YONNE

4me FASCICULE

BIENS

EXTRAIT DU *Bulletin de la Société des Sciences historiques et naturelles de l'Yonne*, 1er SEMESTRE 1900.

AUXERRE

IMPRIMERIE DE LA CONSTITUTION, RUE DE PARIS, 31

1901

A Monsieur Léopold Delisle
administrateur de la Bibliothèque
nationale

Hommage très respectueux

E Drot

CHAPITRE V

—

BIENS

VENTES ET ÉCHANGES. — BAUX : BIENS, MAISONS, CHEPTEL, DROITS SEIGNEURIAUX. — TRANSACTIONS. — SERVITUDES. — MARCHÉS DE CULTURE.

Autant les actes de mutation de biens sont précieux pour une monographie où les plus petits détails ont leur valeur locale, autant dans ce recueil, ils seraient dénués d'intérêt si, à côté de la mention de la transmission d'une propriété, ne se trouvaient quelques points d'histoire locale plus générale : noms et qualités des contractants de haute volée, topographie, nature de culture, prix de ventes et de baux, servitudes, transactions, coutumes, prix de façons de vigne, etc.

D'autre part, il ne faut pas oublier que nos documents vont de 1481 au XVIIᵉ sièle, et que les premiers portent forcément l'empreinte de la période de cent années qui a suivi la néfaste guerre des Anglais, une des plus importantes périodes de notre histoire.

Nous rappellerons succinctement les événements considérables qui se sont produits durant cette période séculaire et qui ont presque créé un monde nouveau. Ils s'appellent : l'invention de l'imprimerie, la découverte de l'Amérique, la Renaissance

23

et la Réforme. Comme élément de transformation de la société française, on peut y ajouter les efforts vigoureux de Louis XI et de ses successeurs pour constituer l'unité de pouvoir, c'est-à-dire la royauté absolue avec tous ses nouveaux rouages administratifs et judiciaires.

Pendant la guerre de Cent ans, le sol avait été laissé en grande partie en friche, *en désert,* comme disent les actes; les horreurs de la guerre, de la famine et des maladies contagieuses avaient considérablement appauvri et décimé le pays.

La paix ne fut pas plutôt rétablie que le besoin de *vivre* se fit vivement sentir en France. Il en résulta pour la culture une heureuse et forte impulsion. La royauté y prit part : Charles VII et Louis XII s'appliquèrent à en favoriser le développement ; Louis XII alla jusqu'à *diminuer la taille.* Une autre cause vint encore y contribuer. Les guerres d'Italie, qui avaient plus coûté aux nobles qu'elles ne leur avaient rapporté ; le luxe de la Renaissance, le défaut de paiement des fermages et redevances, la révolution monétaire, les rendirent besogneux ; beaucoup d'entre eux furent obligés de vendre leurs terres. Les bourgeois et commerçants enrichis s'empressèrent d'acquérir ces terres nobles. C'était, du reste, la réalisation d'une partie de leurs rêves ; la vénalité des charges leur permit de réaliser l'autre partie : autant d'acheminements à la noblesse tant désirée.

Dans les mains de leurs nouveaux propriétaires, habitués à compter et rompus aux affaires, les biens ne devaient plus rester improductifs.

En résumé, à la fin du xvᵉ siècle et dans le courant du xviᵉ, la culture fut si développée que Claude Sayssel, qui vivait sous Louis XII, accuse de grands défrichements et déboisements, et que plus tard Bernard Palissy ira jusqu'à *regretter la destruction* de forêts précieusement gardées jusqu'alors.

Cette digression nous a semblé nécessaire pour permettre d'apprécier la portée et la valeur des documents qui vont suivre, bien que naturellement ils ne soient qu'une infime partie de la quantité prodigieuse de mutations faites durant cette période de régénération.

Les documents dont il est question ici n'étant pas, comme leurs devanciers, intéressants dans leur ensemble, il n'en est donné, sous forme d'inventaire, que des extraits de nature à éclairer différents points de vue (1).

(1) Cependant, à titre de spécimen, nous donnons *in extenso* un curieux bail à moitié, en 1483, de maisons, terres, cheptel, etc., à Monéteau.

Mais nous croyons devoir appeler l'attention des chercheurs sur quelques remarques curieuses qui pourraient leur échapper à la lecture de ces extraits.

1° Dans beaucoup de terres labourables se trouvaient ou devaient être plantés des arbres fruitiers dont les bailleurs se réservaient une partie du produit. La région était trop essentiellement vignoble pour qu'on y puisse voir des fruits à cidre.

2° Par la citation de quelques baux à rente de maisons, on voit comment elles ont été restaurées ou transformées suivant les goûts et les besoins de l'époque. Au preneur était imposée l'obligation d'employer, pendant les 6, 8 ou 10 premières années de la prise de possession, une somme assez rondelette pour améliorer ou en augmenter les constructions.

La division des maisons, entre propriétaires, n'y est pas non plus banale. En 1490 (E. 371), il est vendu le quart, plus la moitié du demi quart d'une maison ; — en 1491 (E. 371), un particulier achète de son frère la huitième partie d'une maison pour 6 l. 5 s. t. En paiement, il s'engage à cultiver un arpent de terre pendant trois ans, à raison de quatre façons par an; — en 1570 (E. 393), il est vendu pour 78 l. 2 s. 6 d. t. la douzième partie de la moitié d'une maison et la douzième partie d'un quart de l'autre moitié. Dans cette vente est comprise la part des « bancs et menuserye attachée à la muraille ».

Quant aux baux à terme de maisons, ils présentent également des particularités bonnes à signaler :

En 1498 (E. 373), si le preneur veut quitter la maison qu'il vient de louer pour 6 ans, il le pourra, à la condition de prévenir le propriétaire trois mois à l'avance et de payer l'année en cours ; avec le consentement du propriétaire, il pourra céder son bail à un tiers ; de plus, il pourra rester, aux mêmes conditions, deux ans de plus que la durée de son bail ; enfin, lors de son départ, il pourra enlever tous les objets non scellés dans les murs (1).

En 1578 (E. 402), une maison est louée pour 5 ans à un drapier d'Auxerre, qui devra entretenir l'immeuble de « carreau, de ver- « rières (vitres) et de menues réparations jusques à la valleur « d'un boisseau de plastre. » Comme la maison n'est sans doute pas des plus solides, il lui est interdit de « meçtre boys aux cham- « bres haultes, synon javelles et fagotz » ; et, pour éviter le sal- pêtre, ou plutôt pour n'en pas augmenter la quantité, « il ne « pourra avoir un dépost de poisson de mer, en gros, soyt haran, « morue, ny aultres »

(1) N'est-ce pas là, à peu de chose près, la législation actuelle, ou plu- tôt, les usages locaux considérés comme lois.

Les propriétaires de notre époque ne sont pas plus prudents !

Dans un autre ordre d'idées, est intéressant le bail d'une maison, consenti pour 5 ans, en 1570, par le chapitre d'Auxerre à Réné Arnoul, marchand bourgeois de Paris. Arnoul est un marchand qui obtint à diverses reprises, entre 1565 et 1569, des lettres-patentes l'autorisant à faire flotter les bois sur les ruisseaux et rivières d'Yonne et de Cure. Certains auteurs, à tort d'après M. Quantin (1), lui attribuent l'idée du flottage des bois en trains. Qu'il soit ou non l'inventeur de ce système, les lettres patentes qu'il obtint et le pied à terre qu'il loua à Auxerre sont l'indice de la grande part qu'il a dû prendre dans le transport des bois du Morvan pour l'approvisionnement de Paris.

Enfin, il est encore une autre série d'actes qui a bien aussi sa valeur historique et économique. Ce sont les marchés à façon de travaux de culture, notamment de vignes, de beaucoup les plus nombreux.

Le mode de culture des vignes a peu varié depuis les xvᵉ et xviᵉ siècles. Les deux variantes constatées sont celles-ci : autrefois, on ne *ruellait* pas, mais on *perchait* (2) ; aujourd'hui, on ne *perche* plus, mais on *ruelle* (3).

Deux de ces marchés de culture : l'un de terre, l'autre de vigne, donnent des évaluations qui concordent avec les tableaux de Leber (4). A ce sujet, une courte démonstration est nécessaire.

Nous avons vu, en 1491 (E. 371), un particulier d'Auxerre acquérir, pour 6 l. 5 d., une partie de maison, et s'acquitter de cette somme en cultivant, dans n'importe quel lieudit d'Auxerrre un arpent de terre pendant trois ans, à raison de quatre façons par an. Aujourd'hui, la culture d'un arpent de terre dans ces conditions coûte en moyenne 60 fr., soit, pendant trois ans,

---

(1) Histoire de la rivière d'Yonne *(Bulletin de la Société des Sciences*, 1885).

(2) On appelait *percher* ou plutôt *paisseler* (terme qui s'appliquait alors à la fois aux échalas, paisseaux et aux perches, impropre aujourd'hui) l'opération de relier les échalas par des perches (espèce de latte) fixées à peu près à 0ᵐ40 au-dessus du sol, de façon à disposer les ceps en treille. L'entre-deux de ces treilles se nomme encore *perchée*.

(3) Le *ruellage*, ainsi que son nom l'indique, est une façon d'hiver qui consiste à faire une ruelle entre deux treilles (la perchée). Elle facilite l'écoulement des eaux et la terre qui en est extraite, rejetée de chaque côté, *butte* le pied des ceps. Cette façon n'a sa raison d'être que depuis qu'on s'est mis à planter de la vigne dans les plaines et les terrains humides.

(4) *Appréciation de la fortune privée au moyen-âge* (1847).

60 fr. $\times$ 3 $=$ 180 fr. (1). Or, d'après Leber, 6 l. 5 s. dans la se-
conde moitié du xv° siècle représentaient 187 fr. 50 de notre
monnaie.

En 1508, il est payé 70 s. pour la façon d'un demi arpent
de vigne. D'après Leber, cette somme valait 94 fr. 50 d'aujour-
d'hui. Il y a 20 ou 30 ans, ce travail se payait 90 fr. (2).

On voit, par ces deux marchés, que les évaluations de Leber
sont presque exactes. Mais il est loin d'en être de même pour
les autres. Le rapprochement n'en peut pas être tenté, tant les
écarts seraient considérables.

Même les prix de marchés contemporains laissent constater
entre eux des différences qui ne s'expliquent pas. En voici un
exemple : En 1491, il est payé 80 sous pour creuser 1,200 augelots (3) ; en 1509, il n'en est plus payé que 50 pour en faire 1,750 (4),
soit 30 s. en moins pour 550 trous en plus. En outre, en 1509,
la valeur de l'argent comparée à la valeur actuelle n'est plus que
de 4 1/2 au lieu de 5 qu'elle était en 1491 (Leber).

Avec de pareilles données, il serait absurde de chercher des
évaluations qui ne pourraient qu'être fausses.

Ventes et échanges. — (1483-1630). — 1483 (E. 369). — Vente par
Germain Jobert, laboureur à Augy, à Perrin Tangy, boucher à
Auxerre, d'une vigne à Saint-Bris. Cet acte est suivi de deux autres ; l'un autorisant le vendeur à rentrer en possession de la dite
vigne, moyennant le remboursement, dans le délai de 6 ans, du
prix qu'il en a reçu (5) ; l'autre la lui cédant à bail durant le
même laps de temps (6 ans), à la charge de l'entretenir convenablement et de délivrer à l'acquéreur la moitié de la récolte de l'année en cours, et le tiers pendant les 6 années du contrat.

1490 (E. 371). — Vente par Etienne Poré à Thibault Masle, tan-
neur à Auxerre de la « quarte partie et de la *moitié d'un demy*
« *quart* » d'une maison, paroisse Saint-Pèlerin, tenant d'une part à
la « ruelle du conduit et esgout des eaues de la ville » pour
9 l. t. et les charges seigneuriales.

---

(1) C'est à la graciouseté de M. E. Jacquot, propriétaire à Auxerre,
dont la compétence en matière de culture est bien et justement établie,
que nous devons les renseignements de l'époque actuelle. Qu'il nous per-
mette, ici, de lui renouveler nos plus sincères remerciements.

(2) Ce prix a baissé de 10 à 15 fr. depuis le labourage des vignes à
la charrue.

(3) Trous carrés destinés à la plantation des ceps.

(4) Nombre de ceps que contient un quartier de terrain.

(5) C'est la vente à réméré.

1491 (E. 372). — Vente par Jean Tyrement, tonnelier à Auxerre, à son frère Simonnet, de la huitième partie d'une maison et dépendances, rue du puits de Villiers, pour 6 l. 5 s. t.

Par un acte suivant, l'acquéreur se libère de cette somme en s'engageant envers le vendeur à « luy faire en dedans trois ans et « en chascun an diceulx, ung arpent de terre de quatre façons où « il plaira aud. vendeur le faire faire en ce fineige d'Aucerre. »

1491 (E. 372). — Vente par Jean Bromet, mercier à Auxerre et Hélie, sa femme, à Odet Dubois, cordonnier à Lyon, de tous les droits qu'ils peuvent avoir sur une maison et dépendances, provenant de Jean Dubois, père de la dite Hélie, sise à Lyon, « tenant « par darrière au fleuve et rivière de la Sonne et par devant à la « rue Romachère, par laquelle on va du pont de la dite Sonne à « léglise de Nostre Dame du Confort » pour la somme de 10 l. t.

1491 (E. 372). — Vente par Richard, laboureur à Bleigny [le Carreau] à Louis Barrault, marchand à Auxerre, d'une maison, pré, terre, bois et buissons en une pièce de 10 arpents, sise à Bleigny lieu dit « *aux Oulches Pasquières* » et d'un arpent et demi de pré au même lieu pour le prix de 30 l. t. *(sic)*.

1491 (E. 372). — Vente par noble Antoine de Guerneron, écuyer, et Guillemette de Vauldre (1) sa femme, à noble et puissant seigneur Claude de Savoisy, écuyer, seigneur de Seignelay, de divers biens aux environs de Seignelay et notamment de la « mote de « Blegny (2) avec les foussez, concise et pourpris dicelle, conte- « nant le tout xxv arpens ou environ, située et assise en la justice « du dit Saillenay et mouvant du fief du dit Saillenay, tenant d'une « part au rue descendant de lestang du dit Saillenay en dedans « les foussez de la dite mote ; dautre part au chemin commun par « lequel on va de Chemilly au dit lieu de Saillenay. »

1493 (E. 372). — Vente par Claude Depardela à François Brunet, d'un demi arpent de vigne « avec son aisance dun destour estant « près de la d. pièce de vigne, auquel destour les d. acheteurs ont « desja leur destour » située à Auxerre, lieu dit *Bossicas*, pour le prix de 65 l. t. « en deniers contens », plus 60 s. t. pour « le drap dun chaperon » et 40 s. t. pour « le vin de la marchandise ». Le tout payé en 27 écus au soleil, 4 écus de roi, 6 ducats, 1 réal, 1 florin au chat, et 15 d. t.

1494 (E. 373). — Vente par Jean Casselin du Breuil à Jean Tuillant, le jeune, d'Auxerre, d'un arpent de terre, *en désert et buissons,*

_____

(1) Ou Vauldré pour Vauldrey, célèbre famille bourguignonne.

(2) Le dictionnaire topographique de l'Yonne par M. Quantin ne mentionne pas cette localité.

liendit *en leuvers du Turot du Bar*, pour 36 s. 8 d. t. — Par un acte qui suit, le d. Tuillant « promet de faire et parfaire pour le dit « Dubrueil la quantité de viii° (800) de crots (1) bons à planter « vigne, en une terre assise au bas *de la grant culemyne de Bur-« lon....; * luy faire aussi le labouraige dun quartier de terre, de « deux façons, assis à la *Roe de Fortune*, dessus les *fontaines bo-« tices*, et à luy paier six mosles de bois, moyennant la somme de « 36 s. 8 d. t. »

Comme cette somme est équivalente au prix de vente de l'arpent de terre de l'acte précédent, nul doute que l'acquéreur s'est libéré par ce moyen.

1495 (E. 373). — Vente par la veuve Pierre Calabre, de Saint Georges, à Guillaume Jaquot, tuilier à Perrigny, d'une maison couverte dassif [ais, planches] avec le verger et *concise entretenans* assis devant l'église du dit Saint-Georges, tenant par dessous au saulcis du curé...; d'un demi arpent de terre au même finage ; de 12 chefs de brebis, une vache, une taure, un vieux buffet, un banc, une table et ses tréteaux, un chalit, des *aulmoires* (armoires) *à mectre des soilles* (2) ; pour le prix de 42 l. t. pour les immeubles, 10 l. t. pour le bétail et les meubles et 10 s. t. pour les « vins de la marchandise. »

1503 (E. 438). — Vente par Nicolas de Chenuz, écuyer, et Marie de Barges, sa femme, à Philippe de Champignolles, écuyer, de la 5° partie de la seigneurie de Barges, pour la somme de 90 l. t.

1514, 17 juin (E. 411). — Vente par Léonard Duchesne, *marte-leux* à *Soyères* (Sougères) à Etienne Cloan (3) du dit lieu, de 3 arpents de terre, faisant partie d'une pièce de 6 arpents possédée par indivis, situés au finage de *Pyan* (4) pour la somme de 10 l. t. (5).

Le lendemain, Claude Duchesne, maréchal à Saint-Bris, vend au même sa part dans les 6 arpents ci-dessus pour 50 s. t. (6).

(1) Trous carrés, appelés *augelots*.

(2) *Sotle, soille, sigalum, seigle* (Ducange et Lacurne), d'où : armoires à mettre des seigles.

(3) Voir chapitre VI, le traité de mariage de sa fille.

(4) Pien, hameau de Sougères-sur-Sinotte (Yonne).

(5) Martinet Duchesne, l'un des maîtres de la forge de Sougères est témoin à cet acte. C'est lui qui a fourni le fer lors de la construction, à la fin du xv° siècle, de la tour de l'horloge d'Auxerre (voir sur ce monument Annuaires de l'Yonne 1841, 1868 et 1883). Il était associé avec Simon Tissier. Or, dans le transport de bail ci-après, on voit Guillaume Tissier, époux de Laurence Duchesne; apparemment le fils d'un associé marié avec la nièce de l'autre.

(6) Le même jour, transport par Léonard, Claude Duchesne, Denis

1521 (E. 379). — Vente par Hélène Desbordes, femme de noble Jean Pinot, grenetier de Tonnerre, à Blanchet Damy, lieutenant général du bailliage d'Auxerre d'un « estal à vendre chair séant « en la boucherie d'Aucerre », pour la somme de 240 l. t.

1524 (E. 380). — Echange entre Guion de Champs, écuyer, seigneur d'Avigneau et de Taingy en partie, et Vincent Gaveau, laboureur à Sementron. Par cet acte, le sieur de Champs reçoit les deux tiers d'une maison, colombier, grange et concise « *appellé Solemé* » (1). En échange il accorde au dit Gaveau et à ses héritiers, descendant en ligne directe, et pour un feu seulement, le droit d'usage et pâturage pour son bétail, avec le droit de bois mort et mort bois, pour son chauffage seulement, dans ses bois sis en la justice de Taingy ; — sous condition que le dit Gaveau ne pourra vendre son droit ni y associer qui que ce soit sans le consentement du dit de Champs ou de ses ayants cause.

1528 (E. 439). — Vente par Hugues de *Rochechouart*, écuyer, archer de la garde du corps du roi, fils de défunts Alexandre et de Cécile de Barges, à Christophe *Digny*, écuyer, seigneur de *Réjaulcourt* et d'*Anglux* en partie, absent, représenté par Sébastien de Vézigneux, chevalier, son oncle maternel et tuteur ; de la moitié d'une maison, (l'autre moitié appartenant à noble Bénigne de la Chaulme) « grange, estable, jardin, clos, cour, pourpris, etc., sis « au finage du Saulçoy d'Ylan (2), appellée communément la Maison « Rouge, aultrement le mex Guyndot ou le mex de la Chaulme », avec d'autres pièces éparses sur le même territoire. Le tout pour la somme de 750 l. t. et 10 écus d'or sol. pour « les vins ».

1530 (E. 381). — Vente par Claudin Damerot, demeurant au Buisson Héry (3) à Nicolas Bothevillain, praticien en cour d'église à Auxerre; de la 3ᵉ partie d'une maison et dépendances sise à

Saiget et Jeanne Duchesne, sa femme, Guillaume Tissier et Laurence Duchesne, sa femme, à Etienne de Cloan, du bail à trois vies consenti précédemment (sans date) au dit Léonard Duchesne, par Martinet Duchesne et Simon Tissier, *maistres de la forge de Soyères*, de la moitié d'une maison, « estable et concise, aisances et appartenances dicelle, ainsi que « le tout se comporte, contenant en tout troys arpens, assise au lieu de « Soyères, tenant dune part au rû descendant du *Marteau* au *Fourneau*, « dautre part au chemin commun par lequel on va du d. Soyères à Soleine » ....et de la moitié de deux arpents de terre situés à Sougères, lieu dit la Tuilerie.

(1) Solmet, hameau de la commune de Fontenoy (Yonne). Théâtre principal de la bataille de Fontanet en 841.

(2) Island, canton d'Avallon (Yonne).

(3) Buisson-Héry, commune de Saints en Puisaye et de Lain.

Lain ; d'une « housche appellez les grans housche ouquel y a ung puis » et de la 3ᵉ partie d'une « lassière (1) en laquelle y a quatre « lactz et une estable ». Le tout pour la somme de 17 l. t.

1530 (E. 439). — Vente par Catherine de Lichy, veuve Claude de Hubynes, son fils, écuyer, dame et seigneur de la Mothe les Rouvray (Côte-d'Or), à Christophe d'Igny, écuyer, du droit qui leur appartient dans la seigneurie de Montjaloing (2) (la 4ᵉ partie de cette terre) pour la somme de 450 l. t. et 100 s. pour les vins.

1530 (E. 439). — Vente par Christophe de Rochechouart, chevalier, seigneur de la Mothe Champdemer, à Sébastien de Vésigneux, chevalier, seigneur du dit Vésigneux (3), de la terre et seigneurie de Jaulgey (4), membre dépendant de la terre et seigneurie de Marigny sur Ouche(5), appartenant au dit Rochechouart, pour la somme de 1500 l. t.

1536 (E. 382). — Vente par Gabriel Bastard, écuyer, seigneur de Tarlant en Berry, et sa femme Antoinette de Faulville, à Mᵉ Guillaume Chausson, chanoine et official d'Auxerre, l'usufruit et à la veuve Jean Chausson, la nue-propriété, de leur droit de dime de La Broce, autrement Limodin, paroisse de Poully, diocèse de Bourges, pour le prix de 420 l. t.

1541 (E. 384). — Vente par Antoinette de Thoisy, dame de Tannerre, Champlay et La Bruère, Pierre du Pez (Pé), seigneur de Tannerre, et Hervé du Pé, seigneur de la Bruère, à Guillaume Chausson « prêtre » (6) à Auxerre, de deux métairies, l'une à Laduz, l'autre à Poilly [sur Tholon], pour 700 écus d'or sol.

1553 (E. 653). — Quittance donnée par Louise de Clermont, comtesse de Tannerre, à Jean Canelle, élu pour le roi à Tonnerre, d'une somme de 500 l. t. en supplément de celle de 3100 l., due pour acquisition de la terre de Bernouil, Millots (7) et les Souillats (8), vendue au-dessous de sa valeur.

(1) Lassière, travée d'une grange (Lacurne).
(2) Montjalin, commune de Sauvigny-le-Bois (Yonne).
(3) Vésigneux, hameau de la commune de Saint-Martin-du-Puits (Nièvre).
(4) Localité non mentionnée dans le Dictionnaire topographique de la Nièvre.
(5) Aucun des onze Marigny cités par le Dictionnaire topographique de la Nièvre ne contient cette dénomination.
(6) Est-ce le même que le chanoine et official d'Auxerre de l'acte précédent ?
(7) Millois, hameau de la commune de Bernouil (Yonne).
(8) Souillats, fief, commune de Bernouil (Yonne); lieu aujourd'hui détruit.

1560 (E. 656). — Vente par Claude Pinagot à Jean du Pin, écuyer, seigneur de Vézannes, de tout son droit dans la seigneurie dudit Vézannes, pour 760 l. t.

1561-1562 (E. 448). — Vente par Anne de Jaulcourt, dame des Bordes (1) et de Marrault (2) à Hugues de Changy, écuyer, de la terre et seigneurie de Villeneuve (3) (droits détaillés à l'acte, mais n'offrant rien de remarquable), tenant à la seigneurie de Sainte-Magnance, à celle de Villarnoul (4), à celle de Presles (5) et à celle de ladite dame, pour la somme de 1.000 l. t.

1563 (E. 448). — Vente par Christine de Ferrières, dame dudit lieu, de Pisy et de Presles, à Nicolas Gaigneau, marchand à Avallon, de terres, prés , vignes et tiercés, sur le territoire de Provency et du Prey (6), pour 2.000 l. t.

1565 (E. 657). — Vente par Jacques de Mailly, chevalier, seigneur d'Ars-sur-Thil, Flogny, etc., African de Mailly, chevalier, lieutenant de 50 hommes d'armes des ordonnances du roi, à seigneur d'Ars-sur-Thil, Flogny etc., et Antoine de *Tenarre*, chevalier, seigneur de Souterrain, à Jean d'Ancienville, vicomte et seigneur de Verteuil, de la terre et seigneurie « entièrement dudit. « Flougny, avec les fiefs et terres d'Argenteuil et *Marcey*, ensem- « ble les preyz et terres assis et situez tant es finages de Villiers- « Vineux et Carisey », pour la somme de 30.000 l. t.

Cette terre appartenait auxdits vendeurs par succession de puissante dame Catherine de *Langues*, leur mère, veuve de puissant seigneur Hélyon de Mailly, chevalier de la cour de Parlement de Bourgogne. Elle consiste en haute, moyenne et basse justice, château, fossés, basse-cour, four banal, moulin et foulon, cens, rentes, etc., droit de patronage, présentation et collation de la chapelle Saint-Jean, fondée en l'église de Flogny.

1570 (E. 393). — Vente par Maxime Michel (7), veuve Legrand, et sa fille mineure, à la veuve Espaullard, de la *douzième partie de la moitié d'une maison et de la douzième partie dans un quart de l'autre moitié* (8), pour le pri. de 78 l. 2 s. 6 d. t. payé comptant

---

(1) Bordes (Les), commune d'Angely ? (Yonne).

(2) Marrault, commune de Magny (Yonne).

(3) Villeneuve-les-Presles, commune de Sainte-Magnance (Yonne).

(4) Villarnoult, hameau, commune de Bussières (Yonne).

(5) Presles, hameau, commune de Cussy-les-Forges (Yonne),

(6) Tour-de-Pré (La), hameau, commune de Provency (Yonne).

(7) Voir chapitre III les peintres-verriers de ce nom et les marchés d'une verrière et de la grande porte de Saint-Regnobert (*Bulletin de la Société des Sciences*, 1900, p. 33 et 59).

(8) Cette maison, située devant *l'hostel de ville*, avait appartenu à Anne

on 22 écus soleil, 4 écus pistolets, un philippus, et le reste en monnaié. Dans cette vente est comprise leur part des « bancs et « menuserye attachée à ladite maison tant hault que bas, en- « semble de la cuve et cuvat estant en la cave d'icelle. »

1570 (E. 393). — Vente par Pierre Picard, marchand, « naguères « demourant à Vézelay et de présent demourant à Aucerre, à cause « des troubles, et que la dicte ville de Vezelay est détenue par les « rebelles », et Anne Chacheré, sa femme, à Mᵉ Laurent Petitfou, cha- noine et archidiacre d'Auxerre, de la quatrième partie de la terre, seigneurie et chatellenie de Thorigny (1), advenue à ladite Cha- cheré, héritière en partie de feue Germaine de Pocques, sa tante, femme de Guillaume Barrault, marchand à Auxerre, qui avaient acquis la totalité de cette terre de Jean de Longneau, écuyer, seigneur de Parville. Cette vente est faite pour la somme de 1.430 l. t. L'acte fait connaître : que ledit Petitfou possédait déjà la moitié de cette terre, et que la quatrième partie appartient à Jeanne Chacheré, veuve de Jean Rousse, procureur à Auxerre.

Il est déclaré à l'acte que Anne Chacheré ne sait pas signer.

1571 (E. 427 bis). — Vente par Jean de Laborde, écuyer, sei- gneur de Misery (2), à Laurent Davau, seigneur du Buisson (?), de quantité de biens sur Coulanges-sur-Yonne, notamment « le « droict de maisons, colombier, court, jardin, masures où il y « avoyt naguères une grange, estable, concise, aisances et ap- « partenances, le tout d'un tenant, assis au lieu de Coulanges-sur- « Yonne, appellez le fief et maison des Vergiers... tenant d'aultre « part à la rue commune et à l'hostel-Dieu dudit Coulanges ».

1571 (E. 661). — Vente par Guillaume Stuart, écuyer, seigneur de Vezinnes et Fontaine-Géry, et sa femme Roberte de Haye, à Madeleine de Savoie, duchesse de Montmorency et dame de Thorey, de la troisième partie de la seigneurie de Lignières, pour le prix de 7.500 l. t.

1584 (E. 491). — Vente par Jacques de Lanfernat, écuyer, sei- gneur de Prunières (3) y demeurant, et sa femme Madeleine de Courtenay, à noble Olivier Foudriat, conseiller au bailliage d'Auxerre, des terres et seigneuries de Lalande, les Fourneaux et Champ-le-Roi, pour le prix de 2.000 écus d'or soleil.

Michel, veuve Mathurin Breton. Elle était, outre le cens, chargée de 60 s. t. de rente emphytéotique au profit du chapitre d'Auxerre, suivant le bail à rente consenti par cette assemblée à Pierre Michel, père de ladite Anne.
(1) Thorigny, commune de Bleigny-le-Carreau (Yonne).
(2) Misery, commune de Crain (Yonne.)
(3) Prunières, commune de Branches (Yonne).

1584 (E. 680). — Vente par Félix Gervais, marchand à Auxerre, à noble Anto'ne de Charmes, trésorier général des guerres, seigneur de Junay en partie, de la 12° partie de ladite seigneurie de Junay pour le prix de 500 écus soleil et 25 écus d'*épingles*.

1584 (E. 407). — Vente par Claude de la Motte, chevalier de l'ordre du roi, gentilhomme de sa chambre, demeurant à Marcy-le-Hayer (1), à Laurent et Jean Leprince, seigneurs de Soleine (2), demeurant à Auxerre, de la 12° partie de la terre et seigneurie dudit Soleine, consistant en toute justice, haute, moyenne et basse, droits de bourgeoisie, etc., pour le prix de 400 écus soleil.

1586 (E. 407). — Procuration donnée par Edme Lemuet, marchand à Auxerre, à Sébastien Thierriat, marchand aux Granges, paroisse d'Arces, pour acheter de la veuve Vincent, de Sens, cent arpents de bois en la forêt de Cou: bépine, pour le prix de 800 l. t. revenant à 266 écus soleil et 2/3 d'écu.

1610 (E. 719). — Vente par Jacques Fritard, écuyer, seigneur de Vézannes en partie, à Melchior de Changy, écuyer, seigneur dudit Vézannes, de la 4° partie de la terre et seigneurie de Vézannes, pour 4.500 l. t.

1630 (E. 751). — Vente par Charles Haubert, sieur de Junay, lieutenant en l'élection de Tonnerre, à René Jazu, écuyer, seigneur de Mareuil (3), ancien exempt des gardes du corps du roi, demeurant à Tonnerre, de tout son droit sur la seigneurie de Junay pour 7.000 l.

Vente d'un cheptel. — 1616 (E. 464). — Vente par M° Olivier, baron de Chastellux, à Jean Mutin, pâtissier à Avallon, du bétail de la métairie de Marigny-la-Ville, consistant en six bœufs, de « *divers poils* », de l'âge de 5 ans, un taureau rouge, âgé de 2 ans, quatre vaches avec leur « *suivance* » de l'année précédente, c'est-à-dire deux taureaux et une taure, neuf mères brebis et quatre agneaux, pour la somme de 306 l. t.

BAUX. — 1° *de domaines ou portions de domaines* (1483-1695).

1483 (E. 369). — Bail à moitié de maison, terres, animaux en cheptel, etc. (4).

« Le xxv° jour du dit mois de fevrier ou dit an [1483] furent « presens en leurs personnes, Jehan Jaquot cardeur demourant

---

(1) Marcilly-le-Hayer, chef-lieu de canton du département de l'Aube.
(2) Soleine, commune de Venoy (Yonne).
(3) Mareuil, commune de Fulvy (Yonne), village aujourd'hui détruit.
(4) Ce curieux bail, le plus ancien de cette collection, est donné *in extenso* à titre de spécimen.

« à Aucerre, pour luy dune part; et Jehan Sannois laboreur
« demourant à Monesteau pour luy dautre part, lesquelles par-
« ties recognurent et confessèrent, cestassavoir : le dit Jaquot
« avoir baillé au dit Sonnois et le dit Sonnois avoir pris du dit
« Jaquot, quatre beufz trayans, les trois soubz poil rouge desquelz
« lun est grené en la queue et lautre soubz poil grené, deux thoril-
« lons lung soubz poil rouge lautre soubz poil brun ; une vache
« soubz poil rouge, une thore soubz poil noir, une thore soubz
« poil blond, et une autre thore soubz poil fleuri, une jument
« et ung polain; ou pris et chatel de vint et cinq livres t. et
« moitié du crois et decrois, selon les utz et costumes du pais
« daucerrois. Ensemble une charrue garnie de souef? et de
« deux coultres. Et toutes les terres et prez qui compectent et
« appartiennent au dit bailleur, estans scitueez ou finage du dit
« lieu de Monestau, sauf et reserve au dit bailleur une pièce de pré
« contenant deux arpens ou environ, située ou dit finage ou lieu
« dit le grant pré, estant tout alentour foussaiée et au milieu de
« plusieurs terres appartenans ou dit bailleur, avec la moitié dune
« maison située au dit lieu de Monestau, tenant dune part à Guil-
« laume Boyleaue et dautre part au chemin par lequel on va au
« lieu de Gurgi. Pour iceulx héritages et maison et bestes avoir et
« tenir par le dit preneur ou nom du dit bailleur, du jour et feste
« de la Purification Nostre Dame darrenièrement passée jusques
« au temps et terme de six ans prochains et apres ensuivant. En
« telle manière et soubz telles condicions que le dit preneur sera
« tenu et a promis icelles terres chascun an bien et deuement
« ensemancer, laborer à ses dépens à moitié, proveu toutesvoyes
« que le dit bailleur scra tenu de paier les rentes et redevances
« d'iceulx héritages, avec la moitié des fraiz des moissons et
« bateurs. Et icelles bestes ensemble toutes les issues qui isseront
« dicelles vache, thores et jument pendant le dit temps, nourrir,
« garder, gouverner et aberger bien convenablement et diligem-
« ment ; et à la fin des dites anneez en rendre au dit bailleur bon
« compte et léal assigne, en telle manière aussy que se le dit pre-
« neur estoit delayant de laborer et ensemancer les dites terres et
« soy appliquer à autres usages, que en ce cas le dit bailleur se
« pourra intrusé et bouter es dits héritages et prandre les dites
« bestes et en forclourre et débouter le dit preneur. Obli-
« geant, etc. ».

1493 (E. 373). — Bail pour 3 ans par Mme Perrotte de Chastellux,
abbesse de l'abbaye de Saint-Julien d'Auxerre, à M. Guillaume
Berthier, curé de Charentenay, de « tout le village, terre, justice,
« rentes, revenues, prez, terres, maisons, blez, grains et porcion

« de disme qui pourroient appartenir et compecter à la d. dame,
« à cause de sa terre et seigneurie de Charentenay, sans en rete-
« nir, ne reserver aucune chose quelzconques, fors seullement la
« tonsure des bois et revenu de la paisson des bois » pour le prix
de 40 l. t. par an. A la charge par le preneur « dintenter, poursuir,
« soustenir à ses fraiz et despens tous les procès quil sera besoing
« dintenter, poursuir, soustenir et défendre à loccasion des droiz,
« héritaiges, rentes et revenues de la d. terre et seigneurie, et
« iceulx conduire et demener jusques à ce que litiscontestacion
« soit faicte... et aussi de faire faire à ses fraiz, missions et
« despens, ung censier rentier ouquel seront contenus et déclairez
« les cens et revenues de la d. terre, et icelluy bailler et rendre
« aus dites religieuses, tout signé par main de tabellion ou no-
« taire et mis en forme deue..... »

1494 (E. 373). — *Constitution du domaine da Beaureins*. (1). Bail
perpétuel par M. Etienne du Moncel, prêtre, curé de Fleys et
maître de la maladrerie de Sainte-Marguerite-lès-Auxerre, des
héritages ci-après sis sur la paroisse de Saint-Georges : une
pièce de pré, bois et buissons contenant sept arpents, lieu dit
Beaurain, tenant d'une part au chemin d'Auxerre à Charbuy ; un
arpent et demi de terre en bois et buissons, lieu dit dessous le
champ Violette, tenant d'une part aux « *charités* » de Saint-
Georges, et d'autre part « *au vielz foussé de la Haye Billault* » ;
un arpent et demi de terre en bois et buissons, lieu dit dessus le
moulin, tenant d'une part au vieux fossé de la Haye Billault,
d'autre aux terres « *vacans* », et du bout supérieur à la terre
ci-dessus déclarée; deux arpents de terre en bois et buissons, lieu
dit dessus le moulin, tenant d'une part au chemin d'Auxerre au
moulin de Saint-Georges, d'autre aux terres vacantes ; cinq
arpents de terre, même lieudit, tenant d'une part au grand
chemin d'Auxerre au moulin de Saint-Georges, d'autre aux terres
et du bout inférieur à la *Mercadée* (?) (2) moyennant une rente
annuelle de 60 s. t. et aux charges : *dessarter et mettre en nature*
[de culture] les dits héritages, et « *d'y édiffier maison dedans
ung an, bonne et convenable, de cinq toises de long et quatre de
large* ».

(1) Beaureins, ferme, commune de Saint-Georges (Yonne).
(2) Nous avons rencontré ce mot dans nombre d'actes sur Saint-
Georges. Faut-il y voir le nom ou surnom d'un individu ou une corpo-
ration de marchands ? Voir Ducange aux mots : *marcadantia, marcadus,
mercatio, mercatum*, etc., et Lacurne aux mots : *mercadance, mercadant,
mercadin*, etc.

1495 (E. 373). — Bail perpétuel par l'abbaye de Saint-Germain d'Auxerre, à Guillaume Bolu, cordonnier à Chevannes, d'une masure appelée la « maison Pensuot », avec trente arpents de terre « estant en bois et buissons alentour, et de lappartenance « d'icelle maison, se tant si en peut trouver », située lieudit les Montserins (1), moyennant 12 d. de censive par arpent, portant lods et ventes et amendes, et aux charges d'y construire une maison « bonne et convenable » les six premières années, et « *dessarter, nectoier et desbuissonner et mettre en nature de labour* ».

1505 (E. 375). — Bail à rente par noble Simon de la Saulvin, prêtre, seigneur du dit lieu de La Sauvin (2) à noble Pierre Pinon, et noble Marie de Sacquereau, sa femme, du dit fief *noble de la Sauvin*, tenu en fief de Philippe de Chastellux, chevalier, seigneur de Chastellux et de Bazarne, à cause de cette dernière seigneurie, moyennant la rente annuelle de 9 l. t.

1506 (E. 374). — Cession par Perrette, veuve de Jean Colon, alias Dumont, à ses enfants, du bail à trois vies du « *tenement et lieu de Champigny* » (3) qu'ils avaient pris du maître de la maladrerie Sainte-Marguerite-lès-Saint-Simon d'Auxerre, moyennant la rente annuelle de 60 s. t.

1508 (E. 375). — Bail pour 2 ans par Michel Le Caron, chanoine d'Auxerre, seigneur de Milly, à Guillaume Gaudron, de Chablis, des revenus de la terre de Milly, pour 15 l. t. par an.

1509 (E. 376). — Bail à vie par le chapitre d'Auxerre, à Henri Le Goux, bourgeois de Semur, et Pierre Tirecuyr, bourgeois de Mou-tiers-Saint-Jean, des terres et seigneuries de Corsaint et Menetreux-sous-Pisy, pour la rente annuelle de 55 l. t.

1513 (E. 376). — Bail pour 3 ans par l'abbaye Saint-Germain d'Auxerre, à Jean Herbelot « voiturier par eau » au dit Auxerre, des revenus de la terre et seigneurie de Villeneuve-Saint-Salve, à l'exception des coupes de bois et des confiscations, moyennant la rente de 33 l. 6 s. 8 d. t.

1517 (E. 378). — Bail pour 10 ans par Antoine Masle, boucher, et Claude Fauleau, voiturier par eau, à Auxerre, à Sanson Jor-

---

(1) Monts Serins (les), hameau dépendant des communes de Chevannes et d'Escamps (Yonne).

(2) Sauvin (la), hameau, commune d'Etais (Yonne).

(3) Dumonts (les), hameau de la commune de Monéteau (Yonne). Au xvᵉ siècle, il n'y avait dans ce lieu qu'une grange nommé La Croix Cham-pigny. Elle fut donnée, en 1487, à bail à trois vies à Jean Dumont qui y casa ses enfants et commença ce village auquel on a donné son nom.

dain, de Perrigny, de la métairie de *Bréviandes* (1) contenant
60 arpents, moyennant la redevance annuelle de 60 bichets de blé
et de 40 de seigle.

1525 (E. 492). — Claude de Beaujeu, chevalier, seigneur de la
Maison Fort, Coutarnoux, etc., donne à bail les terres de Coutarnoux, Dissangis, Massangis, Tormancy (2), Joux, et le revenu de la
chapelle de Lucy-le-Bois, pour le prix annuel de 350 l. t. ; mais il
se réserve l'étang de Coutarnoux.

1527 (E. 380). — Bail à trois vies par Robert Brocart, contrôleur
du grenier à sel d'Auxerre, à Pierre Mallet et Bonnette, sa femme,
d'une métairie sise à Bleigny-le-Carreau, consistant en maison,
grange et concise, contenant deux arpents, avec 61 arpents en
plusieurs pièces, pour la redevance annuelle de 80 bichets de
froment, 40 d'avoine et un demi cent de paille. La maison est
dite située au village de Bleigny, tenant par-dessus à la rue des
Guyennois (3).

1530 (E. 381). — Transport par la veuve Aubery, à Germain
Chrestien, marchand à Auxerre, de la moitié de la métairie de
Saint-Thibault-des-Bois (4), « ainsi que le tout se comporte, tant
concise, *chappelle*, terres, prés, bois et buissons », prise à bail à
rente de l'abbaye Saint-Germain par feu Pierre Michelet, père
de ladite veuve, pour la somme de 19 l. t. et le « drap d'une robe
de gris ». Le preneur sera tenu d'acquitter ladite veuve des rentes
à payer pour ladite métairie et des réparations qu'elle doit y
y faire.

1541 (E. 384). — Bail pour trois ans par Etienne Gerbault, fer-
mier et amodiateur du temporel de l'évéché d'Auxerre, à deux
habitants de Cravant, de la terre et seigneurie de Sacy appartenant à l'évêque et au chapitre d'Auxerre ; pour la redevance annuelle de 260 l. t., et à la charge, par les preneurs, d'exercer ou
faire exercer la justice dudit lieu, à leurs dépens, « périlz et for-
tunes » et payer les gages des officiers.

1541 (E. 384). — Bail pour quatre ans par les procureurs de
Mᵐᵉ Philippe Chabot, chevalier de l'ordre du roi, comte de Bu-
sançay et de Charny, seigneur de Coursan, Saint-Cyr [les-Colons]
et Chemilly [sur-Serein], amiral de France et lieutenant-général
pour le roi en Bourgogne, à Antoine Bazot et Jean Raoul, « des

(1) Bréandes (le grand), hameau, commune de Perrigny (Yonne).
(2) Tormancy, hameau, commune de Massangis (Yonne).
(3) Voir note à l'avant-propos.
(4) Saint-Thibault, hameau, communes de Pourrain et Chevannes
(Yonne).

« deux parz dont les cinq font le tout, et deux sixiesmes en ung
« cinquiesme de la terre et seigneurie de Saint-Cire » moyennant la rente de 380 l. t.

1565 (E. 390). — Bail pour neuf ans par l'abbé de Saint-Germain
d'Auxerre, à Pierre Bocault, laboureur à Perrigny, et à sa femme,
de la métairie du dit Perrigny, consistant en maison et *ancien
chastel*, cour, grange, étables, jardin, avec 37 arpents de terre au-
dessous du château, de 40 arpents de terre en plusieurs pièces,
de 7 arpents de pré en une pièce et des deux tiers des dîmes de
blé, l'autre tiers appartenant au curé, moyennant la redevance
annuelle de 450 bichets de grains, moitié froment et avoine et
de 450 bottes de paille *liéez à liens de gerbes*, livrables dans les
greniers de l'abbaye à Auxerre, et aux conditions et charges suivantes, outre l'entretien ordinaire des bâtiments et terres : ré-
parer et entretenir la grange des dîmes « *aultrement quelle nest
et na esté par cy devant* » ; employer dans les terres ci-dessus
tous les fumiers qui seront faits dans la métairie ; taupiner les
prés et ôter les broussailles, épines et ronces qui s'y trouvent ; résider, au moins l'un des deux, « *au d. chastel avec leur train et
« famille* » et « encores dedans ung an, rendre les chambres
« haultes et basses, gardes robbes, caves et greniers en bon
« estat de résidence, et y faire bons huys et fenestres, tellement
« que l'on y puisse résider commodément, mesme solliver et
« plancheyer, duquel le dit seigneur (abbé) a réservé une chambre
« pour luy ou ses officiers ; dresser lestable des chevaulx du dit
« seigneur dans la cloustrure du dit chastel, de sorte quilz ne
« soient plus mis en la grange hors le d. chastel. Pour à quoy sa-
« tisfaire leur seront délivrez quatre piedz de chaisnes, ni des
« pires ni des meilleurs, en ung recoin de la forest de Diges, où ils
« seront tenuz les aller prandre et charroyer à leurs frais ». Ils
seront également tenus de planter des saules autour de la pièce
de pré, et des arbres fruitiers dans les terres labourables, d'année en année, de façon qu'à la fin du bail, il y en ait en
quantité suffisante ; de mettre en bon état de réparations les
bâtiments de la métairie d'ici Pâques, et « signaument faire ung
« huis fort et convenable pour la cloustrure de prison, en l'une
« des tours du d. chastel, ou aultre lieu plus convenable, tel quil
« leur sera monstré. »

1565 (E. 390). — Jean de Charmoy, marchand à Auxerre en
donnant à bail pour neuf ans une métairie, sise sur Egriselles (1),
a soin d'ajouter cette clause : « Et, en cas de nécessité ou danger,

(1) Egriselles, hameau de la commune de Venoy (Yonne).

« a esté [convenu] que le d. bailleur avec toute sa famille se
« pourra tenir et occuper une chambre chauffoer de la d. maison
« et soffrir [souffrir] mestre son cheval ou plusieurs en la grange
« ou establic de la d. métairye toutesfoys et quantes bon luy sem-
« blera ».

1568 (E. 392). — Bail pour neuf ans par Germaine de Latroyes et
Léonarde Bellime, religieuses de l'hôpital de la Madeleine d'Auxerre, au nom du dit hôpital (1) à Jean Guillemain, laboureur à
Lignorelles, d'une métairie sise au dit Lignorelles,¹ près de l'é-
glise (2), contenant ladite moitié, 34 arpents, tant terres que prés,
moyennant la redevance annuelle de 34 bichets de froment et
34 bichets d'avoine, livrables aux greniers de l'Hôtel-Dieu. Il est
déclaré à la fin de l'acte que ni les bailleurs, ni les preneurs, ni
les témoins ne savent signer.

1570 (E. 394). — Bail pour 9 ans par Madeleine Ancelot, veuve
Jean Desbordes, élu d'Auxerre, François Le Bryois et Claude Petitfou, gendre Le Bryois, avocats au bailliage d'Auxerre, à Jean
Henrion, laboureur aux Bordes, paroisse de Venouse (3), et à Ed-
mond Tremblay, laboureur à Montigny-le-Roi, de leur métairie
des Bordes, contenant au « *moings* » 80 arpents, tant terres, prés,
que concise, moyennant la redevance annuelle de ?10 bichets de
grains, moitié froment et moitié avoine, livrables en leurs maisons à Auxerre aux charges et réserves ci-après :

Réserves : Les bailleurs se réservent le grand corps de bâti-
ment de la maison neuve, les cour et jardin autour, avec les
fossés et saules plantés sur leur douve ; 6 arpents de pré à leur
choix, dont le foin sera conduit par les preneurs dans un des
lactz (4) de grange de la métairie, qui plaira aux bailleurs ; la
moitié de tous les fruits « croissant en toute la métairie, tant privez
que sauvages » livrables à Auxerre ; une écurie à chevaux avec
grenier dessus ; un toit à porcs ; un quartier de vigne ; les saules
et « ouzières franches estans autour du grand pré » ; 4 arpents

(1) Comment se fait-il que ce bail soit passé par les religieuses, l'hôpital étant géré par des administrateurs ; faut-il y voir une conséquence
des guerres de religion et de l'occupation de la ville d'Auxerre par les
Huguenots l'année précédente ?

(2) Cette métairie était indivise avec M. Claude Rousselot, enquêteur au
bailliage d'Auxerre. Elle appartenait à Germaine de Poques, veuve Barrault, qui a fait donation de la moitié à l'hôpital d'Auxerre.

(3) Bordes (les), aujourd'hui hameau de la commune de Montigny-la-
Resle (Yonne).

(4) Travée d'une grange. (Voir Lacurne au mot *Lassière*.)

de terre près le moulin de la Bische; une étable pour quatre vaches.

Conditions : Les preneurs seront tenus de fournir « le fourrage « de paille de quatre vaches avec leurs séquance (1), qui seront « nourriz et gouvernez au dit lieu par les servantes des d. bail- « leurs »; tous les fumiers resteront aux fermiers à la condition expresse de les « mettre et employer aux terres de la d. métairie « et non aultre part ny ailleurs »; ils devront cultiver et ense- mencer une pièce de chenevière, dont la semence et la récolte se partageront par moitié; ils ne devront « tenir en la d. métairie « aulcunes bestes blanche ne aumaille, synon des d. bailleurs »; ils devront entretenir en bon état les bâtiments de la ferme, à l'exception de ceux réservés par les bailleurs; ils devront *boucher* le grand pré, tout autour « desruyner et desfricher les buissons, « ronces, espines et aupinières qui se font et croissent es d. « prez, les monder et netoyer en temps deu, aussi de ouster [ôter] « et monder les arbres fruictiers de chenilles et aultres ve- « nin qui y pourroyt venir... et ne pourront estronner, tailler ou « admender les arbres fruictiers, buissons ou aultres arbres « pour en prendre le boys à leur proufflct, sans le congé et « consentement des d. bailleurs »; ils devront fournir tous les ans une douzaine de fromages « de bonne valleur, comme il appar- « tient, faicts, entre les festes de Nostre-Dame d'aoust et Nostre- « Dame de septembre, plus ung quarteron de gluys à escoller « les vignes, renduz et conduictz au d. Aucerre, en la maison « des bailleurs »; boucher les fossés de la grande maison de « palliz et de bonne aultre haye »; entretenir les terres en bon état de culture et de fumure, et, à la fin du bail, laisser les terres et bâtiments en bon état, et rendre la métairie « fournye de fourrages et de gresses (2) bien et convenablement. »

1574 (E. 399). — Bail pour six ans par l'abbaye Saint Germain d'Auxerre, à Pierre de Georget, écuyer, demeurant à Courtaoult, de la moitié de la terre des Croûtes (l'autre moitié appartenant au baron d'Ervy), moyennant 40 l. par an.

1576 (E. 401). — Bail pour six ans par l'évêque d'Auxerre (Jac- ques Amyot) à Jean Chargeloup, marchand à Varzy, de la terre et seigneurie de Varzy, à l'exception des droits de quint et requint et des coupes de bois, pour le prix annuel de 3250 l. t., six feuil- lettes de vin « *du meilleur* », un demi muid de pois verts et trois charriots de foin lorsque le dit évêque ou ses gens seront à Varzy.

(1) Suite, croît, progéniture.
(2) Fumiers.

Le preneur jouira de la maison seigneuriale, etc., pendant l'absence de l'évêque, et aura droit pour son chauffage à six arpents de bois taillis par an, outre le bois nécessaire aux fours banaux. A l'expiration de son bail il devra faire faire à ses frais un censier signé par un notaire.

1581 (E. 403). — Bail pour trois ans par l'évêque d'Auxerre, à Guillaume Petit, marchand à Cosne, des revenus de la terre de Cosne et Villechavan, pour la somme annuelle de 333 écus soleil et un tiers d'écu.

Le preneur, « *en considération* » de ce bail, donnera par an à l'évêque deux poinçons de vin blanc du cru de Chavignon, bien envaisselés et livrables à Auxerre.

1581 (E. 403). — Bail pour six ans par l'évêque d'Auxerre aux sieurs Gervais, père et fils, marchands à Auxerre, du revenu temporel ordinaire de l'évêché, à Auxerre, Regennes, Appoigny et autres lieux, moyennant la redevance annuelle de 2666 écus d'or et deux tiers d'écu. Parmi les recettes appartenant à l'évêché figure le droit de *sallaige* à Auxerre. L'évêque se réserve une pièce de pré, près le Moulin Rouge, contenant environ 9 arpents; les vignes de Migraine; le saulcis près Saint-Amatre; les quatre chambres hautes du château de Regennes, avec les étables.

Les preneurs seront tenus : d'*entretenir* les baux consentis, et pour ceux qui expireront durant le bail, il pourra les consentir à qui bon lui semblera, pourvu que la redevance ne soit pas inférieure à celle des baux expirés; de poursuivre à leurs frais tous les procès tant civils que criminels, sauf les cas d'appel qui seront aux frais de l'évêque; de fournir la paille nécessaire aux chevaux de l'évêque quand il sera à Regennes ou dans son logis épiscopal; les *gluis* nécessaires aux vignes de Migraine, un muid *trentain plain* de sel chaque année, pour la provision de la maison de l'évêque; d'entretenir *en nature de jardin* le jardin du château de Regennes et de *rellever les trailles*, mais ils pourront, si bon leur semble mettre en pré le grand jardin « *estant hors du château de Regennes* »; ils devront planter des saules dans l'île de la Garenne à Regennes, partout où il en manque; payer, sans remboursement, les gages des officiers de justice : du portail épiscopal, de Gy-l'Evêque, Sacy, Regennes, Appoigny et Charbuy, savoir : au bailli épiscopal d'Auxerre 10 l. t.; au bailli d'Appoigny, ses gages ordinaires et à son lieutenant 100 s. t.; au solliciteur des affaires de l'évêque 100 s. t.; au procureur d'Appoigny 50 s. t.; au bailli de Gy-l'Evêque 100 s. t. Ils devront également payer les rentes ci-après, dues par l'évêque, mais déduction leur en sera faite sur le prix de leur bail : 80 l. t. au chapitre d'Auxerre, la rente due à l'abbaye Saint-Marien et celle due au prieur de Branches pour les moulins d'Appoigny. Ils devront fournir à l'évêque 15 muids de vin clairet du cru d'Appoigny, pour les semonces qu'il doit aux chanoines d'Auxerre, ou avancer l'argent nécessaire à l'achat de 15 muids de vin, si l'évêque le désire. Ils auront le droit de faire couper une fois les bois taillis sous les conditions : de n'y mettre ou laisser mettre aucun bétail ; de les conserver en nature de taillis, de laisser dans chaque arpent 10 baliveaux *venans du pied et non de resouppe*. Ils n'auront aucun droit sur le bois de haute futaie de *Chaulmoys*. Ils auront le droit d'entreposer dans le logis épiscopal les grains, foins, vins et sel de leur recette, et de faire au pressoir du logis épiscopal le vin provenant des vignes comprises dans leur bail. Six mois avant l'expiration du bail, ils devront délivrer à l'évêque, la déclaration, signée d'eux et d'un notaire, de tous les cens, rentes et autres droits dépendant de l'évêché et compris dans le présent bail.

1581 (E. 403). — Bail pour six ans par Félix Gervais, marchand à Auxerre, amodiataire des revenus de l'évêché, à Jean Hochot, marchand à Charbuy, de la terre et seigneurie de Charbuy, à l'exception des droits de fief, aubaines, etc., pour le prix annuel de 233 écus d'or soleil et un tiers d'écu ; sous condition de remplir certaines obligations imposées au bailleur par son contrat de recette générale.

1603 (E. 434). — Bail pour 3 ans par Claude de Laduz, écuyer, seigneur de Vieuxchamps, à Julien Vad et Antoinette Guillon, sa femme, de la terre et seigneurie de Vieuxchamps y compris le moulin de *Cirquedan*, en dépendant, pour le prix annuel de 580 l. t. en argent, une charretée à deux chevaux de foin, 6 bichets d'avoine, etc. Le bailleur se réserve la chambre appelée la *salle* et l'étable près du pressoir.

1667 (E. 444). — Bail pour neuf ans par César, comte de Chastellux, à Blaize Frazat et Philippe Robin, marchands à Quarré, des revenus de la terre et baronnie de Quarré, moyennant 1560 l. t. par an ; les preneurs n'auront droit qu'à la somme de 10 l. sur les confiscations et successions de mainmortables, le surplus appartiendra à M. de Chastellux ; ils n'auront également droit qu'à deux sols par livre sur les ventes des héritages tenus à titre de bordelage (1) ; les amendes à 100 s. et au-dessous leur appartiendront, mais ils devront poursuivre à leurs frais les causes judiciaires tant civiles que criminelles, payer les officiers de justice, etc.

_____

(1) Bordelage, bourdelaige. Droit seigneurial perçu sur les bordes ou métairies (Nivernais).

1695 (E. N. N. Liasse n° 8 des minutes déposées par M. Chevillotte).— Bail pour six ans par dᵐᵉ Jacqueline Descorailles, fille majeure, demeurant à Railly (1), à Fiacre Robert, laboureur à Courotte (2), de la maison seigneuriale de Railly, d'une métairie au-dessus de cette maison et du moulin de Railly, pour la redevance annuelle de 120 l. t., 6 livres de miel, 4 livres de beurre, 6 poules et 2 bichets moitié poire et pomme, quand il y « aura des fruits « aux arbres fruitiers du jardin de la maison seigneuriale. »

Le preneur devra entretenir le tout en « *bon père de famille* ». Il aura les droits de : chasse, pêche, pacage et glandée, bois mort et mort bois pour son chauffage. Il sera tenu de faire exercer la justice et de payer les gages des officiers. Il tiendra ses bestiaux à titre de cheptel. Il aura droit aux fruits des vignes à la condition de les entretenir et d'y faire chaque année 300 provins. Au cas où il serait distrait la moitié des vignes au profit de l'autre métayer de Railly, il ne serait, naturellement, obligé qu'à la moitié des charges.Il devra réserver une chambre de la maison seigneuriale et le colombier pour la bailleresse, et quand elle viendra à Railly, il devra la nourrir, ainsi que ses valets et ses chevaux.

Baux de biens (1481-1603)). — 1481 (E. 368). — Bail à Jean Chevalier, mercier à Auxerre, d'une maison et d'une vigne appartenant à des enfants mineurs. La maison, louée pour 5 ans moyennant une rente annuelle de 60 s. t., est située paroisse Saint-Père, dans la rue « par laquelle on va de la bocherie au « marché du samedi »; la vigne, « ainsi qu'elle se comporte », située au lieu dit Burlon (Brelon), est louée pour 6 ans, à raison de 20 s. de rente annuelle. Il devra donner à la vigne les façons accoutumées, y faire 600 « chefz de provins » durant les 6 ans, et y mettre « pour une fois douze tombelerées de fumier. »

1481 (E. 368). — Bail pour 6 ans d'une vigne que le preneur devra « tailler, passeler, duyre, reployer, fouyr et en deux ans « bisner une fois; et avec ce y faire 600 chefz de proins, lesquels « il sera tenu de les terrer de la terre estant près de ladite vigne. »

1490 (E. 371). — Bail perpétuel par Cotain Lignard, d'Auxerre, à Antoine et Jean Luguet, de Chevannes, de deux pièces de terre, l'une en *désert, bois et buissons*, lieu dit Montois, finage d'Auxerre, dans laquelle ils devront construire une « maison de bonne charpenterie. »

1491 (E. 372). — Bail perpétuel par Martinet Duchesne (3),

(1) Commune de Saint-Germain-des-Champs (Yonne).
(2) Commune de Marigny-l'Eglise (Nièvre.
(3) Voir plus haut note sur Martinet Duchesne.

maître des forges de *Soyères* (1), à Jean le Bourguignon, charbonnier audit lieu, de 2 arpents de bois et buissons dans la forêt de Nézon (2), tenant d'une part au ru de *Serinotte* [Sinotte] et des 3 autres parts aux bois et terres dudit bailleur, et d'un quartier de prés près de la *fonderie de Soyères*, tenant d'une part au grand chemin allant de Sougères à Monéteau et des 3 autres parts aux prés dudit bailleur, moyennant une rente annuelle de 6 s. 8 d. t., et aux charges de défricher les 2 arpents de buissons pour les mettre et toujours maintenir en nature de pré, et de construire dans le quartier de pré une maison de « cinq toises de long et de bonne charpenterie ». —1491 (E. 372).— Bail à 3 vies par Martinet Duchesne et Simon Tisier, *maîtres des forges* de Sougères [sur Sinotte], à Jacques Dampnequin, *marteleur* audit lieu, d'une pièce de terre en bois et buissons contenant 16 arpents, située en la justice de Villeneuve-Saint-Salve, tenant d'une part au rû de *Serinotte*, et d'une autre pièce de 4 arpents également en bois et buissons, tenant d'une part à l'étang du *marteau de ladite forge* (3), et de toutes autres parts aux bois desdits bailleurs ; moyennant une rente annuelle de 28 s. t. et « soubz telles condicions que le « preneur a tenu et promis lesdits vingt arpens de terre en bois « et buissons, asserter et mettre en nature de terre labourable ou « pré, et y faire une maison de cinq toises de long et de bonne « charpenterie dedans huit ans prochains venant ».

1493 (E. 373). — Bail perpétuel par Me Etienne Moncel, prêtre, maître et administrateur de la maladrerie Sainte-Marguerite-lès-Auxerre, à Jean de Gruzy, d'une pièce de 5 quartiers de vigne et désert situés lieu dit Grandchamp, tenant d'un côté aux bois et *déserts*, pour la rente annuelle de 25 s. t. « Et pour ce que ledit héritage est la pluspart en buissons et désert », le preneur ne payera les deux premières années que 13 s. t. 4 d. t. au lieu de 25 s. qu'il devra acquitter les années subséquentes. Le preneur devra « essarter, mectre au net et planter tout ledit héritaige en « nature de vigne » durant les 8 premières années.

1493 (E. 373). — Bail pour 7 ans par la veuve Memyn d'Auxerre et autres, à Jean Bergerat, d'Appoigny, de tous les biens situés sur Appoigny et provenant de la succession de Me Jean Quinart,

(1) Sougères-sur-Sinotte, autrefois hameau de la paroisse de Gurgy, aujourd'hui commune (Yonne).

(2) Néron, ferme, commune de Gurgy (Yonne).

(3) Marteau (Le), hameau, commune d'Auxerre. Ne pourrait-on voir par cet acte l'origine de ce hameau ? M. Quantin, dans son Dictionnaire topographique, ne donne pas de références antérieures à 1569.

chanoine d'Auxerre, dont ils sont héritiers, moyennant la quantité de 4 setiers de froment, 8 boisseaux de noix, un boisseau de pois, un boisseau de fèves, un boisseau d'oignons et un boisseau de raves (1) à livrer chaque année au domicile de ladite veuve.

« Et ou cas que lesdits bailleurs ou aulcuns deulx vont audit lieu
« d'Appoigny pour les necessitez, reédification et augmentacion
« cu'il conviendra faire ès maisons, terres, prez, etc., ledit Bergerat sera tenu fournir chacun an deux bichets d'avoyne et tout
» le foing qu'il conviendra avoir pour la despence de leurs chevaulx audit lieu d'Appoigny, durant ledit temps seullement. Et
« avec ce, sera tenu ledit preneur essarter lesdits héritaiges et
« fumer les prez, et paier les brandons qui pourroient estre mis
« ès dites terres et prez à cause des chemins non amendez ».

1494 (E. 373). — Bail à trois vies et au plus offrant, après la criée au prône de trois dimanches successifs, de 4 arpents de terre, « en désert, bois et buissons, en deux pièces, dépendant de la cure de Perrigny près Auxerre, par Vincent Souef, curé, à Antoine Florenceau, de Saint-Georges, pour la rente annuelle de 6 s. 8 d. t., et à la charge de les mettre en nature de labour et de pré durant les 6 premières années.

1494 (E. 373). — Bail à vie par le chapitre d'Auxerre à noble Jean Regnier, écuyer, seigneur de Montmercy (2), conseiller et écuyer d'écurie du roi, lieutenant général du bailli d'Auxerre, d'une pièce de 6 arpents de pré située « en dessoubz et a tenant « du pont de pierre estant sur la rivière de Beaulche, près le « chemin commun par lequel on va d'Aucerre à Esgligny » pour la rente annuelle de 6 l. 10 s. t.

1494 (E. 373). — Bail perpétuel par le chapitre d'Auxerre à Robert Mayelle, marchand, d'une grange, pressoir, jardin, cave sur laquelle « soloit avoir colombier, pourpris et appartenances « que tenoit Jehan Berthier et avant lui feux Jehan Darthe, espi- « cier, et Perrenet de Brie, bourgois d'Aucerre, situez au bourg « Saint-Père en la rue de Fromenteaul (sic) » pour la rente annuelle de 100 s. t.

1494 (E. 373). — Bail perpétuel par Jean de Thiart, écuyer, seigneur de Mont-Saint-Sulpice, à Jean Denis, de Chemilly [près Seignelay] d'une pièce de terre de 100 à 120 arpents, appelée les Plantes du Mont, située au finage de Gurgy, tenant d'une part à la rivière d'Yonne et à la fontaine de Ravery, et par « dessus au

---

(1) On voit par cette nomenclature de légumes qu'il y a longtemps qu'on fait de la culture maraîchère à Appoigny.

(2) Hameau de la commune de Saint-Georges (Yonne).

« chemin ouquel est la bosme (borne) et pierre qui despart les
« justices de Chemilly et de Gurgy, et par dessoubz aux chaumes
« et terres de Nézon (Néron) », moyennant la rente annuelle et
censive de 50 s. t., et à la charge « dessarter et mettre et main-
« tenir ledit héritage en nature et culture ».

1490 (E. 373). — Bail perpétuel par adjudication, par Guillaume
Guenyn, receveur du domaine royal, « en la ville et comté d'Au-
« cerre », à Guillemin Thomereau, de Jonches (1), de 20 arpents
de terre « estant de présent en grans buissons, ruyne et désert »,
assis au finage d'Auxerre, lieu dit Jonches, au-dessous des bois
du Bar, tenant « aux terres vacans appartenans au roy », pour
« 10 d. t. de censive annuelle portant lods et ventes, et à la
charge « d'essarter et mectre au net et en culture et labour de-
« dans douze ans prouchainement venant. »

1502 (E. 375). — Bail à deux vies par Guillemette, femme Pierre
Michel, voiturier par eau à Auxerre, à Pierre Hue, de Villeneuve-
Saint-Salve, d'une pièce de terre et concise de 3 quartiers, « en
« laquelle soloit avoir maison » située à Chemilly [près Seignelay]
près la fontaine dudit lieu, et des autres pièces ci-après : 31 arpents, lieu dit la Tremblée, 4 arpents lieu dit « ès garons », un
arpent lieu dit le Champ de la Croix, un arpent et demi lieu dit
la Fosse Breteau, 3 quartiers lieu dit dessous Chapotte, 2 arpents
lieu dit le Champ des Chaulmes et un arpent lieu dit les grandes
Chaulmes; le tout sur Chemilly, moyennant la rente annuelle de
6 setiers de blé froment et 2 setiers d'orge livrables à Auxerre; et
à la charge de construire dans la pièce de 3 quartiers près la fontaine de Chemilly, durant les 6 premières années, une maison et
une grange « du pris et somme de 50 l. t. »

1508 (E. 374). — Bail à 3 vies par l'abbaye Saint-Julien-d'Auxerre,
à Mathelin des Osches, laboureur, de deux jardins au bourg
Saint-Martin-lès-Saint-Julien, derrière le moulin, pour la rente
annuelle de 17 s. 6 d. t., et à la charge d'y construire, pendant
les 6 premières années, une maison « bonne et convenable de
4 toises de long et 3 de large jusques à l'extimacion de 20 s. t. »

1508 (E. 375). — Bail pour 4 ans, par Jean Vivien, prêtre, à
Étienne Duban, vigneron, tous deux à Auxerre, de dix denrées de
vigne en deux pièces, moyennant le tiers de la récolte au profit du
bailleur. Le preneur devra, outre les façons ordinaires, y faire
200 « chefz de proins et desgorger (2) la vigne du *pertuis au borgne*
ceste présente année. »

---

(1) Hameau, commune d'Auxerre.
(2) C'est-à-dire remonter à la partie supérieure de la vigne la terre
accumulée à la partie inférieure par la culture et les pluies.

1514 (E. 411). — Bail perpétuel par Pierre Fauleau, receveur du roi à Auxerre, à Mathelin Estourneau, de Montigny-le-Roi, et Denis Dumée, de Moulins « près Toucy (1) », d'une pièce de 24 arpents de terre, bois et buissons, sise à Montigny, lui dit les Chaumes du ru Bolier, moyennant la rente foncière et annuelle de 24 bichets de blé, le tiers des fruits des arbres et la récolte provenant de la semence d'un boisseau de chenevière. Les preneurs devront, durant les dix premières années, « deffricher, asserter, « desruyner et mettre au nect » lesdits 24 arpents et les entretenir en nature de terre labourable.

1515 (E. 377). — Bail à 3 vies, par Pierre Durand, fondeur de cloches à Auxerre, à Léonard de la Rivière, laboureur à Perrigny près Auxerre, de 60 arpents de terre « en désert et buissons assis « au finage de Parrigny par delà le grand estang, tenant par « dessoubz audit grand estang, et par dessus aux terres vacantes, « appartenant à l'abbaye Saint-Germain », moyennant une rente annuelle de 40 bichets de blé froment et 20 bichets d'avoine, et à la charge, durant les quatre premières années, de les défricher et les mettre *entièrement* en nature de terre labourable, et d'y construire une maison et grange de « *laborage bonne et convenable.* »

Par un article additionnel, le sieur Durand s'engage à donner sans condition 100 s. t. quand ledit de la Rivière fera construire la maison, et 10 l. t. quand il fera bâtir la grange.

1527 (E. 380). — Bail pour 8 ans par l'abbaye Saint-Germain d'Auxerre à Jean Daulmoy et Guillaume Borotte, bouchers audit Auxerre, de deux *pastureaux* (2) sis sur la seigneurie de Moutiers, pour le prix de 25 l. t. par an.

1537 (E. 383). — Bail par Pierre de Montjot, chanoine d'Auxerre, curé de Courson, de 6 arpents de terre faisant partie de la terre de *Champtevault* ? dont il est seigneur temporel à cause de sa cure.

1542 (E. 384). — Bail pour 3 ans, par Etienne Jehan, marinier à Auxerre, à Richard Girard, vigneron audit lieu, d'un quartier et demi de vigne, moyennant la redevance annuelle de 25 s. t. et « à la charge que le preneur sera tenu, la dite vigne chacun an le « dit temps durant, tailler, pesseler, duyre, reployer, sombrer, « bisner et rebisner, la fournir de perches et pesseaux et faire « durant le dit temps, deux cens et demy de provins, la desgorger « et porter la terre aux marteaux de dessus ».

(1) Moulins-sur-Ouanne (Yonne).
(2) Pâturages. Ce que les bouchers appellent aujourd'hui *embauche.*

1565 (E. 390). — Amodiation pour un an par l'abbaye Saint-Germain d'Auxerre, à Nicolas Deguy, le jeune, marchand à Héry, de l'herbage de 60 arpents de taillis sur Villeneuve-Saint-Salve, pour le prix de 25 l. t. Il pourra sous-amodier, mais sera responsable des dommages causés aux bois, et ne pourra y faire paitre que « *quarante bestes quevallines* ».

1568 (E. 392). — Bail pour 5 ans par Pierre Guiard, Bernard Mignotin, Jean Billault et Jean Legendre, *tous malades de lèpres* de la maladrerie de Saint-Simon-lès-Auxerre, *comparant en leurs personnes et se portant forts pour les autres malades de la dite maison*, à Jacques Creux, marchand à Auxerre, de 7 quartiers de pré, lieu dit le *Pré des malades*, tenant de deux parts à la maison et grange de la dite maladrerie, pour le prix de 12 l. par an, à payer *aux dits malades en faisant la cueillette de l'herbe*.

1603 (E. 434). — Bail pour 5 ans par Marin Ravillon, voiturier par eau à Auxerre, à Pierre Martin, vigneron audit lieu, d'un quartier de vigne lieu dit *la Chapote*. Pas d'autre redevance imposée que trois journées de travail dans les vignes du dit Ravillon, deux en temps d'hiver et la 3e au mois de mars. Mais le preneur sera tenu de la « façonner selon lusaige », d'y faire trois labourages par an et y mettre annuellement deux « fais deschalats », l'entretenir de perches, « desgorger la vigne et porter la terre au bout den hault d'icelle et aux lieux les plus nécessaires », et d'y faire durant ce temps 400 provins. Lorsque ces provins seront terminés, le bailleur devra payer 18 s. au preneur.

BAUX DE MAISONS (1481-1656). — 1481 (E. 368). — Bail à rente par l'abbaye de Crisenon à Jean Desains, boulanger, et Jean Rousseau, couturier à Auxerre, d'une maison et dépendances et d'une place devant, sise à Auxerre, dans la rue « par laquelle on va de la bocherie à l'esglise Saint-Père » [en Vallée], moyennant 60 s. t. de rente annuelle, le paiement des droits seigneuriaux et aux charges de mettre la maison en bon état dans l'intervalle de quatre ans et de construire sur la place, devant la dite maison, une maison neuve de la valeur de cent livres dans le laps de 15 ans.

1481 (E. 368). — Modération à 40 s. de la rente de 55 s. t. que doit Me Guillaume Robeleau, curé de Charmoy, pour une maison qu'il détient rue des Lombards, à Auxerre, et qui dépend de la chapelle Saint-Clément fondée en l'église cathédrale. Cette maison lui avait été donnée à bail en novembre 1469 sa vie durant et celle d'une autre personne qu'il lui plairait de nommer pour lui succéder, par Me Philippe Gotet, en son vivant titulaire de la dite chapelle, sous condition de maintenir et rendre la dite maison en bon état. Jean Sanceaulme, chanoine tortrier d'Auxerre, comme procureur de M. Guillot Lançon, clerc, chapelain actuel de la dite chapelle « par ladvis et délibéracions de plusieurs no- « tables chanoines d'icelle église d'Aucerre, comme il disoit, et à « celle fin que le dit Robeleau puisse mieulx et soit plus enclin à « réédiffier ladite maison qui de présent est en grande ruyne et « en voye de chuter, recognust et confessa de grâce espécial « avoir modéré ladite rente de 55 s. t. à la somme de 40 s. t. de « rente annuelle... En telle manière et soulz telle condicion que « ledit Robeleau sera tenu et a promis ladite maison réédiffier et « mettre en dedans deux ans prochainement en bon et suffisant « estat ».

1483 (E. 369). — Bail à trois vies par l'abbaye Saint-Père d'Au- xerre à Jean Rousset, forgeron à Sougères [sur Sinotte], d'une maison couverte « *dasseaulne* » située et « *assise au bourg Saint-* « *Père et soulz laquelle passe un des conduis des eaues de la ville* », tenant par devant à la « *grant rue par laquelle on va de léglise* « *Saint-Pèlerin à la porte du pont d'Aucerre, et par derrière aux* « *murs de la fortification de la ville, le chemin entre deux* », moyennant une rente annuelle de 10 s. t. « En telle manière et « soulz telles condicions que ledit preneur sera tenu et a promis « la dite maison réédiffier tout à neuf au dedans trois ans pro- « chainement venant, et y faire une maison a deux estages et deux « cheminées, et icelle covrir de bon assis de chesne. » Si la rente reste impayée pendant trois ans, le bailleur aura le droit d'ex- pulser définitivement le preneur.

1483 (E. 369). — Bail par l'abbaye de Saint-Père d'Auxerre à Guillemette, fille de feu Jean Petit, d'une maison, cave, cellier et jardin, sise paroisse Saint-Père, tenant par devant au cimetière de ladite église, « icelle maison, cave, cellier et jardin avoir et « tenir par la dicte Guillemette durant et constant la vie delle, de « son mary futur et de leurs enfans, et semblablement durant la « vie de Guillaume Petit et Jeannette, vefve de feu Perrin Mous- « nier, frère et seur dicelle preneresse, et d'un chascun diceulx « successivement lun après lautre », moyennant une rente an- nuelle de 45 s. t. et sous condition « que ladite preneresse sera « tenue et a promis tant por elle, son dict mari futur, ses en- « fans, frère et seur, la dicte maison mettre en dedans deux ans « prochainement, en bon et suffisant estat de clôture, couverture « et de toutes autres réparacions quelzconques ; et icelle mise, « soustenir, maintenir, rendre et délaissier à la fin des dictes vies « en bon et suffisant estat. Et aussy que les dicts religieux pour- « ront visiter ou faire visiter toutes et quantes fois que bon leur

« semblera ladite maison, cave et celier et des reparacions qui
« seront.necessaires, la contraintre, etc.... Et en deffault dicelles
« reparacions faire, se pourront intrusé et bouter en icelle mai-
« son, et en forclourre et debouter ladite preneresse ses dits
« futurs mari et enfans avec ses frère et seur ».

1490 (E. 371). — Bail à trois vies par Colas Dappoigny, pêcheur
à Auxerre, et sa femme, à Antoine de Carbin, laboureur à Quenne,
d'une masure et d'un verger « *à un tenant* », situés à Quenne, lieu
dit Vaul-de-Ru, tenant par devant à la rue commune et par derrière au sentier conduisant du dit Quenne à Saint-Bris, moyennant une rente annuelle de 8 s. 4 d. t., à la charge d'y « faire et
« édiffier une maison de bonne charpenterie de cinq toises de
« long, de largeur compétente, à ung estage, y faire une bonne
« chemynée à gembes de pierre de taille, icelle couvrir de tuille
« ou assis en dedans quatre ans prochainement venant ». De
plus, le preneur ne pourra vendre ou « transporter les dits mai-
« son et verger à autre, sans le notiffier aux ditz bailleurs, les-
« quelz les pourront avoir et retenir à eux pour le prix dun
« aultre ».

1491 (E. 372). — Bail pour 8 ans par Pierre Monain, vigneron,
à Jean Colinet, maréchal, tous deux à Auxerre, d'une maison et
dépendances, située rue du Pont, « moyennant et parmy le pris
« et somme de 17 l. t. que ledit sieur Monain a confessé avoir eus
« et receus dudit Collinet.... Promettant ledit bailleur, ladite
« maison et appartenances, soustenir et maintenir de clôture,
» couverture et autres réparacions quelzconques, tellement que
« ledit Colinet y puisse bonnement et seurement demourer. En
« telle manière aussy que ledit bailleur aura et prandra à son
« prouffit la moitié du vertjus qui viendra et croistra dedans les
« dites années ès troilles dudit verger ou jardin, et aussy quil fera
« la moitié des dites troilles (1).

1493 (E. 373). — Bail perpétuel par le Chapitre de la Cité d'Auxerre à Thomas Senceaulme, pelletier audit lieu, d'une maison et
dépendances, rue de la *Fricaulderie*, tenant par derrière
au presbytère de Saint-Regnobert, moyennant une rente annuelle
de 60 s. t. Le preneur n'entrera en jouissance de cet immeuble
qu'après le decès de Guillemin Lecoureux et de Germain Le
Coureux, chanoine tortrier de l'église d'Auxerre, et à la charge
de faire, durant les dix premières années, pour 100 l. t. de réparations (2).

(1) C'est peut-être l'origine de l'impasse des Collinets.
(2) 3,000 francs de notre monnaie, d'après Leber.

1494 (E. 373). — Bail par Chrestienne, veuve Jean Ményn, à Gillet Cousin, *carreleur* à Auxerre, « *durant la vie* » de la veuve seulement, d'une maison et dépendances « tenant par devant à « la rue par laquelle on va des Cordeliers à Notre-Dame-des-Ver- « tus », moyennant 100 s. t. par an. « Et ou cas qu'il démolist au- « cune chose en icelle maison, il sera tenu le refaire à ses des- « pens en lestat quil est de présent ; et sera tenue, ladite Chres- « tienne, soustenir ladite maison de couverture et autres répara- « tions nécessaires. Et durant ledit temps, demourront en la cave « dicelle maison une cuve tenant dix muys ou environ, et ung « coffre estant en la chambre de ladite maison duquel ladite « Chrestienne saydera ».

1495 (E. 373). — Bail perpétuel par le chapitre de la Cité d'Au- xerre à Louis Jean, vinaigrier à Dijon et auparavant à Auxerre, d'une maison située derrière l'église de Saint-Regnobert et près l'hôtel de la *Vieille-Souche*, « la rue entre deux », tenant par de- vant à la rue conduisant de ladite église aux moulins de *Sous- murs*, pour la rente de 60 s. t. et à la charge d'employer à la *réédification et emparement dicelle* la somme de 100 l. t. pendant les 6 premières années.

1498 (E. 373). — Bail pour 6 ans par Pierre Boyneau dit Bau- gency, à Nicolas Widerne, orfèvre, tous deux à Auxerre, « d'un « ouvrocr avec une chambre haulte et le galetas dessus, assis en « la paroisse Saint-Regnobert, estant au coing de la maison dudit « Baugency devant l'église des Cordeliers, tenant dun costé au « marché de la poissonnerie, d'autre costé à la rue par laquelle « on va de ladite poissonnerie à l'église Saint-Estienne, etc. » pour le prix de 4 l. t. par an et aux conditions suivantes : « A esté « accordé entre lesdites parties que se ledit preneur ne veult « demourer en ladite maison les six ans entiers et qu'il la vueille « délaisser, faire le pourra, pourveu qu'il ne sen pourra despartir « ne délaisser ledit louage sans achever et paier l'année en la- « quelle il seroit entré, et sans faire savoir son dit partement « audit bailleur trois moys devant la fin de l'année de son dit « partement. Et en ce faisant par ledit preneur, icelui bailleur ne « pourra contraindre ledit preneur à tenir plus avant ledit louage « que ladite année, et en pourra ledit bailleur faire son prouffit « à la fin de ladite année, et ledit preneur délaisser ledit al- « louage et se pourveoir ailleurs ou bon lui semblera. Et ne pourra « icellui preneur bailler à louage ladite maison, ne transporter « son dit bail à autre personne quelzconques sans le vouloir et « consentement dudit bailleur. Et se après que ledit preneur « auroit tenu ledit allouage durant lesdits six ans, icelui preneur

« veult demourer deux ans en ladite maison après les six ans, il
« y pourra demourer et la tenir durant lesdits deux ans sans ce
« que ledit bailleur la lui puisse oster ne lui encherir ledit allouage
« durant lesdits deux ans. Et se ledit preneur fait mectre ou dit
« ouvroer et maison aucunes ays, sangles sans ouvrage qui
« soient cloées à cloz ou à chevilles, ledit preneur en soy départant
« dudit louage les pourra prendre et emporter. Et sera tenu ledit
« bailleur entretenir et garantir ledit allouage durant ledit
« temps, etc. »

1504 (E. 374). — Bail d'une maison à Bleigny [le-Carreau] en la
rue des Guyenois (1).

1507 (E. 374). — Bail perpétuel par Philippe du Coignet, religieux et infirmier de l'abbaye Saint-Germain, an nom de son
office, à Geoffroy Breugnon, marinier à Auxerre, d'une maison
en appentis et dépendances, sise paroisse Saint-Loup, près de
l'église, le « chemin entre deulx, sauf et réserve au dit bailleur
« pour luy et ses successeurs enfermiers, d'un celier et un cavon
« (caveron) estant dessoubz la plus grande desdites maisons en
« apantis, avec son aisance pour roler ung muid de vin et y aller
« et venir par la court ès dits celier et cave pour y faire ses ven-
« danges... », moyennant la rente annuelle de 50 s. t. et à la charge
par le preneur, de « mectre et exposer en réparations sur ladite
« maison dedans douzé ans prouchains la somme de cent livres t. »
Ladite maison tient à la maison et jardin de Perron *des taiz* et
Eusèbe *des taiz* (2).

1508 (E. 374). — Bail perpétuel par le chapitre d'Auxerre à Ro-
binet Bonnemain, couturier, d'une maison et dépendances, rue
de la Draperie, tenant d'une part à Pierre Boucher, receveur du
roi, et d'autre à Pierre Durand, fondeur [de cloches], pour la rente
de 4 l. 10 s. t. et à la charge d'employer, durant les 8 premières
années, 100 l. t. à sa restauration ou son agrandissement.

---

(1) A rapprocher ce nom de rue de celui d'une impasse de la rue de
Paris à Auxerre, improprement appelée *Guinois*, même par M. Quantin
dans son histoire anecdotique des rues d'Auxerre. Dans cette impasse
demeurait, aux xvᵉ et xvıᵉ siècles, une famille de riches marchands, nommée
Bertrand dit le *Guyenois*, de son pays d'origine, la Guyenne. Bleigny-le-
Carreau n'étant qu'à 11 kilomètres d'Auxerre, cette famille a pu y posséder un domaine qui a donné son nom à une voie publique. Nul n'ignore
combien les bourgeois et les riches marchands des villes désiraient, pour
plusieurs raisons, posséder des domaines dans les environs de leur résidence.

(2) Nom d'une famille de riches mariniers d'Auxerre, demeurant dans
la rue d'*Étain*. Nous pensons que le nom de cette rue est erroné et qu'il

1508 (E. 374). — Bail perpétuel par le chapitre d'Auxerre, à François Jobert, capitaine de Regennes, d'une maison et dépendances, grande rue Saint-Germain (aujourd'hui rue du Collège), pour la rente annuelle de 70 s. t. et à la charge de « mettre et « exposer en réparations dedans six ans prouchains, cent escuz d'or ».

1508 (E. 374). — Bail perpétuel par le chapitre d'Auxerre, à Louis Le Maire, marchand, d'une maison et dépendances « faisant « le coing des rues par lesquelles on va de la boucherie à l'église « Saint-Père et de l'église des Jacopins à l'église Saint-Pèlerin », moyennant la rente annuelle de 7 l. t.; à la condition de laisser Jean Beludet, jouir sa vie durant de la moitié de ladite maison, en recevant la moitié de la rente qu'il doit; et à la charge de faire, pendant les 4 premières années pour 200 l. d'améliorations.

1508 (E. 374). — Bail perpétuel par les chanoines de la Cité d'Auxerre, à Simon des Vanes, marinier, d'une maison paroisse Saint-Loup, « en la rue par laquelle on va de l'église Saint-Loup « à la rue de Villenefve dit Maulbrun », pour la rente de 70 s. t., et à la charge, durant les 6 premières années, d'y faire pour 100 écus d'or de travaux.

1509 (E. 376). — Bail perpétuel par l'abbaye Saint-Père d'Auxerre,. à Simon Cussin, vigneron, d'une maison et dépendances, rue du portail de Villiers, pour la rente de 35 s. t. et à la charge de « faire « construyre, bastir et édiffier dedans 6 ans prochains une « maison neufve de bon charpentage, de la longeur de ladite « maison vielle, à deux estages, couverte de tuille. »

1511 (E. 376). — Bail perpétuel par le chapitre de la Cité d'Auxerre, à Jean *Lessouré*, cordonnier, d'une « grande maison à deux de- « mourances et dépendances » sise paroisse Saint-Regnobert, « faisant les coings des deux rues, tenant dune part et dun long « à la grand rue par laquelle on descend de la maison de la Com- « munauté d'Aucerre (Hôtel-de-Ville) à la boucherie, dautre long « à la grand rue descendant du chastel d'Aucerre à la rue Saint- « Renobert, par derrière aux maisons de Jehan Tribolé, à cause « de Marion de Saint-Père, sa femme, et par devant à la grand rue « et place dudit Saint-Renobert, devant ladite maison de la Com- « munauté de ladite ville », pour la rente de 6 l. t. et à la charge, « ladite maison et appartenances d'icelle, construire, bastir et « édiffier à neuf, à deux festes ou autrement, ainsi que ledit pre- « neur verra estre à faire pour le mieulx pour l'utilité et prouffit

provient de cette famille qui, ainsi que l'indique son nom, était originaire d'Étais.

« dudit *Esorier* (*sic*), dedans dix ans prouchains venans, et icelle
« maintenir en bon estat ».

1511 (E. 376). — Location pour deux ans par Aliot Fortin, ser-
rurier, à Pierre Collot, tous deux à Auxerre, d'une chambre haute
et d'une « escriptoire basse » (cabinet, étude, au rez-de-chaussée)
« qu'il sera tenu luy faire avec ung toistez de boys devant ladite
« escriptoire, sise rue Nostre-Dame-des-Vertus, tenant à la grand
« rue Nostre-Dame », pour le prix de 4 l. 10 s. par an. Le preneur
pourra y demeurer, aux mêmes conditions, une troisième année,
sans que le bailleur puisse s'y opposer.

1560 (E. 388). — Claude Marmaigne, procureur au bailliage
d'Auxerre, en louant pour deux ans une maison assise dans la
rue « allant de la porte du pont à Saint-Pèlerin » à Etienne Perrot,
parcheminier, exige qu'elle soit garnie de « *meubles et ustancilles*
« *pour la seureté dudit louage* »

1565 (E. 390). — Bail par Félix Chrétien, chanoine d'Auxerre et
chapelain de la chapelle Sainte-Catherine-des-*Os* (*sic*), à Guillaume
Beaufils, marchand, de la maison et dépendances « vulgairement
« appellée la maison Sainte-Catherine-des-Os et en laquelle ledit
« preneur dès longtemps faict sa demourance », tenant d'une
part à la chapelle et par derrière aux « murailles de la Cité », pour
le prix de 20 l. t. par an.

1570 (E. 394). — Bail pour 5 ans par le chapitre d'Auxerre, à
Réné Arnoul (1), marchand bourgeois de Paris, de « la place et
« masure de la maison canoniale qui soulloyt cy devant appar-
« tenir à Mᵉ Jehan Repoux, chanoine dudit Aucerre », pour le
prix de 20 l. t. par an, et à la charge seulement de faire les
menues réparations. Le chapitre se réserve le droit de vendre
ladite place; dans ce cas ledit Arnoul ne payera que pour le temps
qu'il l'aura occupée. Il devra être prévenu six semaines à l'avance.

1570 (E. 394). — Quittance de 38 s. t. donnée par Chrétienne de
Biarne, femme de Pierre Jacquier, d'Auxerre, à Jean Rouze, maréchal, pour 6 mois de location d'une maison, paroisse Saint-
Gervais, qu'il tenait à bail, « laquelle, par l'ordonnance de M. le
« gouverneur d'Auxerre, a esté abbatue ».

1578 (E. 402). — Germain de Chaousses, drapier à Auxerre,
prend en location pour 5 ans, une maison et dépendances *rue
Saint-Père*, pour le prix annuel de 20 écus soleil « évaluez suyvant
l'édit 60 l. t. » et aux charges et conditions ci-après : Il sera tenu

(1) Marchand bourgeois de Paris qui obtint en 1566 et 1569 des lettres
patentes lui permettant de faire flotter les bois sur les ruisseaux et rivières d'Yonne et de Cure.

25

d'entretenir ladite maison qui est « de présent en bon estat, bien
« et deuement de carreau, verrières et jusques à la valleur dung
« boisseau de plastre, et aultres menues réparations ; il ne pourra
« transporter le présent louage sans le consentement desd. bail-
« leurs, ny mectre boys aux chambres haultes de ladite maison,
« synon des javelles et fagotz. Comme aussi, ledit preneur ne
« pourra mectre ou faire mectre en ladite maison, marchandise
« de poisson de mer en gros, soyt haran, morue ny aultres. »
Outre le prix de location, le preneur devra donner à chacune des
femmes des deux bailleurs, et chaque année, « une paire de
« chausses destamet à leur usage, bonnes, neufves et raisonna-
« bles, quant il leur plaira ».

1656 (E. N. N., minutes Chevillotte). — Marché par lequel
Jean Girard s'engage à faire dans une maison sise à Crottefou (1),
appartenant à Aignan Bernard, marchand à Marigny, toutes les
réparations nécessaires à la condition de jouir de cette maison
pendant 20 ans. Mais il devra durant ce temps acquitter la rente
seigneuriale dont cette maison est grevée, et au bout de 20 ans
rendre l'immeuble en bon état.

BAUX A CHEPTEL (1481-1565). — 1481 (E. 368). — Baux à cheptel :
pour 3 ans, d'une vache et d'une chèvre, pour le prix de 4 l. 10 s.
t. et la moitié du *crois*, « selon les us et costumes du païs d'Aucerrois » ; — 1483 (E. 369) pour 3 ans, de deux bœufs *trayans*,
moyennant 7 l. t. ; — 1483 (E. 369) pour 4 ans, de 39 *chefz* de
bêtes à laine pour 10 l. t, ; — 1507 (E. 374) pour 3 ans, par Pierre
Fauleau, receveur du roi à Auxerre, à Jean Thévenin, laboureur
à Sommeville (2), de deux juments : l'une sous poil noir et l'autre
sous poil boyard avec sa « *suigance* (3) denviron ung an, soulz
« poil rouan », pour la somme de 13 l. t. et « à moitié du croist
« et decroist, selon les us et coustumes du pays d'Aucerrois ». Le
preneur devra « les nourrir, ensemble les yssues, et à la fin des
« dites années, en rendre bon compte » ; — 1565 (E. 390) pour
3 ans, par Claude Petitfou, avocat au bailliage d'Auxerre, à Jean
Chaillault, laboureur à Bazarnes, de : un bœuf de 7 à 8 ans, un
autre de 6 à 7 ans, un autre de 4 ans (sous poil *fleury*), une vache
de 6 à 7 ans, une autre de 6 ans, avec son veau âgé de 6 mois,
une autre vache de 4 ans, avec son veau âgé d'un an, un autre
veau d'un an et une taure de 2 ans et demi ; pour la somme de
100 l. t. et la moitié du *croist* et *decroist*.

(1) Hameau de Marigny-l'Eglise (Nièvre).
(2) Sommeville, hameau, commune de Monéteau (Yonne).
(3) Suite, progéniture. Lacurne donne le mot *séquence*.

BAUX A NOURRITURE DE BESTIAUX (1643-1666). — 1643 (E. N. N.
Minutes Chevillotte). — Mathias Massé, laboureur à Courotte (1).
s'engage envers Claude Darin, marchand à Cravant (Yonne), à
nourrir et loger, du 27 décembre 1643 au 1er mai 1644, deux bœufs
de trait, pour le prix de 18 l. t. — 1643 (E. N. N. id.) —André et Phi-
libert Bargert, de Marigny (Nièvre), s'engagent à nourrir et loger,
du 23 novembre 1643 au 1er mai 1644, 3 bœufs de trait appartenant à Dimanche Girard, du dit lieu, pour le prix de 30 l. t. Il est
stipulé que si ledit Girard a besoin de ses bœufs pour faire quelques charrois de bois, les preneurs ne pourront les refuser ; —
1659 (N. N. id.) — Dizien, laboureur au bois de Chastellux,
s'engage à « nourrir, garder et entretenir en bonne pâture, de ce
« jour (12 juin) au 15 septembre prochain », un bœuf et une
vache appartenant aux sieurs Girard, de Marigny-l'Eglise, moyennant 4 l. 15 s. Au bout de ce temps, il devra les rendre en bon
état et à *graice*. — 1666 (E. 444). —Pierre Senterre, laboureur à
Saumé (*sic*) (2), s'engage envers Sébastien Morisot, marchand tan-
neur à Cousin-le-Pont (commune d'Avallon), à nourrir et à loger,
du 17 juillet 1666 au 1er mai 1667, une jument sous poil noir, âgée
d'environ 6 à 7 ans, avec sa pouliche sous poil rouge, âgée d'environ 2 ans, pour le prix de 12 l. t.

DROITS SEIGNEURIAUX, BAUX (1490-1653). — 1° *Dîmes*. 1490. (E. 371).
— Bail pour un an par l'abbaye Saint-Père d'Auxerre, à Crole,
laboureur à Chamvres, de la moitié des dîmes de grains qu'elle a
le droit de percevoir sur les territoires de Chamvres et de Béon,
moyennant 15 setiers, moitié froment et avoine, et à la charge
de nourrir et loger les serviteurs et les chevaux qui iront chercher ces grains. — 1508 (E. 375). — Bail pour 9 ans par l'abbaye
Saint-Germain d'Auxerre à frère Guillaume Aulbin, prieur-curé de
Marcy, près Varzy, de son droit sur les dîmes de Marcy, « appellé
communément le Sixte », moyennant la rente annuelle de 8 l. t.

2° *Fours banaux*. — 1494 (E. 373). — Bail pour 3 ans par Laurence Trovée [Trouvé], femme de Jean Delaporte, lieutenant cri-
minel de la prévôté de Paris, à Henry de Beauregard, du four de
Vermenton « appellé le four du Roy » pour le prix de 11 l. t. par
an, et à la charge d'entretenir « l'âtre foyer et lautel dudit four ».
— 1541 (E. 384). — Bail par adjudication pour un an par l'abbaye de Saint-Germain d'Auxerre du four banal de Bleigny-le-
Carreau pour le prix de 56 l. 10 s. t.

3° *Greffes, prévôtés, tabellionnage*. — 1512 (E. 491). — Bail

(1) Hameau de Marigny-l'Eglise (Nièvre).
(2) Sommée, hameau de Lormes (Nièvre).

pour 2 ans, par le commissaire royal qui gère la terre et la seigneurie de Merry-Sec saisie sur Pierre du Verne, écuyer, seigneur
de Merry-Sec et autres lieux, pour défaut de foi et hommage, à
Didier de Franay, de la prévôté de cette seigneurie, moyennant la
redevance annuelle de 100 s. t., 5 livres de cire et 5 oisons ; —
1524 (E. 380). — Bail pour 3 ans par le chapitre d'Auxerre à François Chanteau du droit de tabellionnage de la seigneurie de Che-
milly-près-Seignelay, pour le prix de 20 s. t. par an ; — 1546
(E. 386). — Bail par l'évêque d'Auxerre à Claude Duru, sa vie durant, des droits de greffe et de tabellionnage de Gy-l'Evêque,
moyennant la redevance annuelle de 60 s. t. ; — 1574 (E. 399). —
Tabellionnage de Charbuy, pour 35 l. par an, même redevance
pour le droit de prévôté.

4° *Mairies.* — 1491 (E. 372). — Bail pour 6 ans par Christophe
Chatelain, maire d'Irancy, à Jean Vitou, du dit lieu, du « greffe
« et escripture dicelle mairie », moyennant une rente annuelle de
40 s. t. et « soubz telles condicions que ledit preneur sera tenu et
« a promis ledit greffe exercer, et les actes, amendes, deffaultz et
« exploictz dicelle mairie enregistrer telles que aulcun inconvé-
« nient nen adviegne » , — 1508 (E. 375). — Bail pour 3 ans par
Michel Machuré, prêtre, « comme ayant la charge du chapitre
« d'Aucerre, le doyenné dicelle estant en litige et procès quant
« au fait de la justice dudit doyen estant située au lieu de
« Laindry », à Philippon Chantereau de la « mairie et exploicts de
« justice » dudit Lindry, pour la rente annuelle de 100 s. t. ;
— 1530 (E. 381). — Bail pour 3 ans par le chapitre d'Auxerre
à Léger Viot, de la *maiserie* [mairie] de Lindry, moyennant la redevance annuelle de 7 l. t.

5° *Planchage, rouage* (1). — 1508 (E. 375). — Déclaration par
Etienne Contesse, marinier à Auxerre, qu'il a pris à bail pour
3 ans, du receveur de l'évêque, le droit de rouage, de planchage et
de *hindart* (2) d'Auxerre, moyennant le fermage annuel de 11 l. 10
s. t. ; — 1515 (E. 377). — Bail pour 3 ans, par le receveur de l'é-
vêque, à Germain Gerbault et Germain Ythéron, voituriers par
eau à Auxerre, « du droit de planchage, rouage, haindart et chablis » à prendre sur chaque bateau montant ou descendant, qui

---

(1) Bois de rouage, celui employé à faire des roues, d'où le vieux mot
français *royer*, artisan qui fabrique les roues. Le mot charron l'a rem-
placé.

(2) Treuil destiné à la remonte des bateaux pour franchir le pertuis. Il
était installé sur le pont d'Auxerre. Le mot hindart, indar, aindar, vient
du mot ainder, aider.

charge sur le quai de la fontaine Saint-Germain, pour le prix de 13 l. par an ; — 1541 (E. 384). — Dans un acte de cession d'un bail de ces droits, le bailleur se réserve, sans aucun frais ni démarche, la moitié des deniers provenant de ce droit « qui est tel « que chacun bateau qui se charge au quay d'Aucerre doibt 17 « deniers t. »; — 1576 (E. 401). — Bail pour 5 ans par noble Etienne Gerbault, secrétaire du roi, seigneur de Champlay et de la Basse-Maison (1), à Pierre Main voiturier par eau à Auxerre, de son droit, à cause de la seigneurie de la Basse-Maison, en la rivière d'Yonne, depuis le pertuis du pont jusqu'au ru de la fontaine, avec le *chaiblage* et *planchage* auxquels il a droit en la râcle d'Auxerre, pour la redevance annuelle de 45 l. t. et deux plats de poisson « ou pour chacun diceulx 30 s. t. »

6° *Tierces*. — 1491 (E. 372). — Bail pour 3 ans par Jean Ladmirault et Jean Hympe, « bastonniers de léglise d'Aucerre », à Etienne Besart, de Sacy, des droits de tierce et champart sur les terres de Sacy, appartenant aux bâtonniers, moyennant la rente annuelle de 5 s. t. ; — 1530 (E. 439). — Vente par les frères Chistophe et Jean de Marcey, à Christophe Digny, écuyer, du droit de tierce qu'ils ont le droit de percevoir sur le finage de Santigny, lequel se perçoit de 11 gerbes l'une et donne, années moyennes, deux muids de grains, pour la somme de 400 fr.

7° *Droits seigneuriaux divers*. — 1505 (E. 375). — Procuration donnée par Antoine Leviste, écuyer, seigneur de Vézinnes et Fontaine-Géry (2), conseiller du roi, rapporteur et correcteur de la chancellerie à Paris, à deux chanoines d'Auxerre, pour procéder à l'amodiation des droits seigneuriaux des terres ci-dessus.

Transactions. — (1516-1565.) — 1516 (E. 377). — Transaction au sujet de la terre de *Charmoy* et de la motte de « *Chantelou* (3) », entre MM. de la Rivière (sa femme défunte se nommait Catherine de la Brosse) et de Baudon (sa femme, Marguerite d'Assigny). Les témoins sont Guion de Champs, seigneur d'Avigneau (4), Louis du Chaillot, seigneur d'Estruzy (5), Jacques de Paroy, seigneur de Maureparé (6) ; — 1530 (E. 381). — Désignation d'arbitres pour régler un différend relatif aux dîmes de Druyes, pendant entre

(1) Domaine situé en face le port Saint-Loup d'Auxerre.
(2) Ferme, commune de Tonnerre.
(3) Charmoy et la Motte de Chantelou, lieux aujourd'hui détruits, étaient situés sur la commune de Leugny (Yonne).
(4) Hameau de la commune d'Escamps (Yonne).
(5) Etrizy, maison isolée, commune d'Ouanne (Yonne).
(6) Hameau de la commune de Tannerre (Yonne).

Germain de Charmoy (1), curé dudit Druyes, et noble Hugues de
Vrolant, écuyer seigneur d'Estury *(sic)* [Etrizy] se portant fort
pour les « prisonniers et aultres prétendans droict aulx dismes
« du d. Druye » ; — 1563 (E. N. N.), minutes versées par la Côte-
d'Or). — Procuration donnée par Madelaine du Puy, veuve de Jean
de Rochefort, chevalier, seigneur dudit lieu, dame de la terre du
Lyot, en Sologne, demeurant à Rochefort (2), à son fils René de
Rochefort, chevalier, seigneur dudit lieu, à propos de « certaines
terres » à Romorantin, appartenant à M. du Coudray, terres rele-
vant en fief de la seigneurie du Lyot ; — 1565 (E. 390). — Procuration donnée par Marguerite de Blosset, veuve de Charles de
Mongarny, écuyer, pour demander main-levée au profit de Pierre
de Blosset, son frère, de la saisie des bois de Roncemay (3)
qu'elle avait obtenue ; — 1565 (E. 448). — Transaction entre Hum-
bert de la Platière, maréchal de France (4), gouverneur du pays
de Piémont et marquisat de Saluces, seigneur de Bourdillon, de
Raigny (5), de Montréal et baron d'Epoisses, etc., et François de
Courtenay, seigneur de Bontin (6), Beaulne (?) et Beauregard (?),
tuteur de François, Jean, Jacques, Louis, Bernard, Edme, Pierre
et Edmée de Jaulcourt, seigneurs de Villarnoul (7) et Rouvray (8), au sujet de droits prétendus par le maréchal de Bourdillon sur la terre de Rouvray et par les enfants de Jaulcourt sur
celle de Sainte-Magnance.

SERVITUDES. — 1° *Jours.* — 1505 (E. 375). — Promesse par Guillaume Hanriet, voiturier par eau à Auxerre, à frère Philippe Coignet, religieux et infirmier de l'abbaye Saint-Germain, « q... s'il
« fait aucun édifice ou jardin assis au bourg Saint-Loup, aujour-
« d'huy à luy baillé à rente, tenant aux maisons de lenfirmerie,
« qu'il ne pourra boucher la veue desdites maisons appartenant
« à ladite infirmerie, durant la vie dudit Coignet seullement. »

---

(1) Neveu de Germain de Charmoy, chanoine d'Auxerre, d'après l'acte.

(2) Rochefort (Côte-d'Or).

(3) A l'acte, ces bois sont indiqués sur le finage de Chassy. A proxi-
mité de Chassy existe un château de Roncemay, non mentionné au *Dictionnaire topographique de l'Yonne* par M. Quantin.

(4) Ce personnage est plus connu sous le nom de maréchal de Bourdillon.

(5) Ragny, commune de Savigny-en-Terre-Plaine (Yonne). (Voir sur le
mariage de ce personnage militaire « *Avallon et l'Avallonnais* », par
M. Ernest Petit, p. 54.

(6) Château, commune des Ormes (Yonne).

(7) Villarnoult, hameau, commune de Bussières (Yonne).

(8) Rouvray (Côte-d'Or).

2° *Mitoyenneté*. — 1521 (E. 379). — « Comparurent en leurs per-
« sonnes : Thevenin Brocart et Marguerite sa femme, de luy
« suffisamment autorizée, d'une part, et Jehan Bourgoyn, d'autre
« part (tous demeurant à Auxerre). Disans comme ledict Bourgoyn
« ayt fait de nouvel édiffier et faire à neuf une cheminée et ung
« apan de boys sur une muraille mitoyenne, qui est à présent
« depuis le rez-de-chaussée jusques audit pan et cheminée, de
« sept à huit pieds estant entre les maisons desdictz Brocart et
« Bourgoin ; a esté accordé que ledit pan de boys et muraille
« faicte sur ladicte muraille vielle, sera et demourra mitoyenne
« entre lesdites parties, et le reste du mur qui est à faire. Et quant
« Brocart et sa dite femme ou leurs hoirs se vouldront ayder des-
« ditz muraille et pan de boys, ils seront tenuz payer moitié... »
— 1527 (E. 380). — Construction d'un mur mitoyen. « Furent présens
« en leurs personnes Guillaume Maleteste, vigneron, et Jehan
« Hugues, tisserant de toilles, tous deux demeurant à Aucerre,
« disans lesdites parties, comme entre leurs maisons assises
« ou bourg Saint-Mamert d'Aucerre, sur la perrière près du cime-
« tière de Montartre, est convenable faire ung pan longain de font
« en comble entre leurs maisons, lequel pan icelluy Maleteste
« promest faire et parfaire de font en comble sur le pan de la
« maison dudit Jehan Hugues qui sera démoly pour asseoir le
« pan neuf, lequel demourra mitoyen ausdites parties ; réservé le
« poteau du coing dembas et la cheminée dudit Hugues estant
« ou dit pan, que ledit Hugues pourra démolir et applicquer toutes
« les matières et estouffes à son prouffit. Et en faisant ledit pan,
« sera tenu ledit Maleteste faire retenir ung petit tirandeau de-
« dens ledit pan mitoyen, et fera faire ledit Hugues le reste. Et
« demourra audit Maleteste le boys du vieil pan dudit Hugues,
« pour s'en servir à faire ledit pan nouveau, et autres choses, fors
« que ledit Maleteste ne le pourra abatre que la maison ne soit
« preste à dresser la maison dudit Maleteste. Et sera tenu ledit
« Hugues soy estayer en droit soy ; et prandra ledit boys dudit
« pan selon ce que sera estimé par gens à ce congnoissans. Car
« ainsi, etc... »

TRAVAUX DE CULTURE (1491-1669). — 1° *Vignes*. — 1491 (E. 372). —
Marché par lequel Jean Bigerat, vigneron à Auxerre, s'engage à
faire pour Jean Gaucher « bien et deuement douze cent daul-
« geotz (1) bons et loyaulx », dans une terre « près le lieu dit *la*

_____

(1) Trous carrés pour planter la vigne. Aujourd'hui encore on les appelle augelots, ce qui n'est pas différent quant au sens.

« *Roue de Fourtune* », pour la somme de 80 s. t.; — 1491 (E. 372).
— Pierre Darnay et André Habert entreprennent à André Privé,
d'Auxerre, de « bisner bien et deuement, en dedans le premier
« jour de juing » un arpent de vigne en *Montblanc*, pour 20 s. t.;
— 1494 (E. 373). — Engagement par Gauthier Le Put, de faire
pour le compte de Jean Germain, tous deux vignerons à Auxerre,
« sept cens de crotz ou augelotz à planter vigne, pour le prix de
« dix blans chacun cent, qui sont xvii gros et demy pour le tout »;
— 1508 (E. 375). — Marché par lequel Jacques Thieulant, vigneron
à Auxerre, s'engage à faire pendant un an, dans un demi-arpent
de vigne situé lieu dit *Champchardon*, appartenant à Blaise Bourgoin, voiturier par eau, les façons suivantes : « tailler, passelier,
« sombrer, bisner, escoler, assomacer et autres, le tout faire en
« temps et saison bien et convenablement audit d'ouvriers et
« gens à ce congnoissans », pour le prix de 70 s. t.; — 1509
(E. 376). — Promesse à Gauthier Bahu, par Barthélemy André,
vigneron à Auxerre, de « *augeler* en fasson de fousse quarrée, ung
« quartier de terre assis en Gratery... Et ce moiennant le pris et
« somme de 50 s. t., que sera tenu ledit Bahu paier audit André
« au pris qu'il besongnera; et si ledit Bahu est défaillant de
« paier le soir ledit André, en ce cas il ne pourra contraindre
« ledit André à besongner. Et continuera ledit André à besongner
« sans discontinuer »; — 1511 (E. 376). — Marché par lequel Ma-
mert Paris, vigneron à Auxerre, promet à Pierre Gonneau dit
Boisgency « de planter, rompre (1), franchir (?) et émonder » un
quartier de terre. « Et pour ce sera tenu ledit Boigency fournir
« le plant », moyennant la somme de 60 s. t. « Et se plus y a »
[d'un quartier], le surplus sera payé « au pris le pris. » Le
travail devra être terminé à la « Saint-Aulbin » (1er mars); —
1560 (E. 388). — Engagement par Germain Bodyn, vigneron à
Auxerre, de faire pendant un an les façons des vignes ci-après,
appartenant à Jean Jannequin, procureur au bailliage : trois quartiers lieu dit *Plate*, deux denrées lieu dit *Grandchamp*, un demi-
arpent lieu dit *Champchardon* « aultrement la *Couste aux Loups* »,
et un quartier lieu dit *Belestain* (près de deux arpents), pour le
prix de 22 l. 10 s. t. Il devra faire les façons suivantes : « tailler,
« pesseller, duyre, reployer, sombrer, bisner, rebisner, asso-
« macer (2), escoller (3), rougner et toutes aultres façons néces-

---

(1) Labourer et égaliser le terrain après la plantation de la vigne.

(2) Mot local encore employé. L'opération consiste à supprimer quelque
temps après l'éclosion des bourgeons de la vigne, ceux qui poussent sur
le tronc et qui généralement ne portent pas de fruits.

(3) Accoler, attacher à l'échalas toutes les branches du cep.

« saires, jusques à coppe raisin ». Le propriétaire devra fournir « perches, pesseau, ouzières et gluiz quil conviendra et vouldra « mettre » ; — 1562 (E. 389). — Promesse par Jean Chrestien, vigneron à Augy, de faire pendant un an les façons des trois pièces de vigne ci-après, appartenant à la veuve Françoise Cornemiche, d'Auxerre : un arpent à Saint-Bris, un quartier et deux denrées à Auxerre, pour le prix de 16 l. t. et une feuillette de vin clairet. Il devra les « tailler, pesseler, duyre, reployer, sombrer, bisner, « accoler et rogner » ; — 1562 (E. 389). — Marché par lequel Guillot Lenayn, vigneron à Auxerre, s'engage envers Pierre Regnault, procureur, « à arracher les buissons et espines estant en ung « demy quartier de terre assis au finage d'Aucerre, lieu dit *Grand-* « *champ*... et les buissons et épines arrachez y planter de la « vigne, et avec ce recoller (1) une jeune plante attenant ladite « terre, bien et convenablement. Et pour ce faire, a ledit Lenayn « promis fornir le pland chevellée (2) de pynots, terceaulx et « servigneaus, bons et convenables à planter et édiffier vigne, et « de tel et semblable pland que ladite vigne qui y est de présent ; « et ledit lieu ainsi qu'il se comporte rendre planté et rompu bien « et deuement... », pour le prix de 10 l. t. ; — 1565 (E. 390). — Marché pour la façon de trois quartiers de vigne en trois pièces, pour 12 l. t. ; façons ordinaires, plus celle de « *relever les raisins* » (3); — 1591 (E. 427). — Dans un marché de façon de vigne se trouve celle de « *curer en pied* » (4) ; — 1603 (E. 434). — Acte par lequel Étienne Ladam, vigneron à Auxerre, s'engage à faire à façon pour le compte de Claude Billard, marchand, un arpent et trois quartiers de vigne en trois pièces, pour le prix de 30 l. t. par arpent. Façons : « curer en pied, tailler, passeler, duire, reployer, som- « brer, biner, rebiner, essomacer, escoler, rogner, mocheter (5) « et faire toutes autres façons requises. » Il devra, en outre, donner un labourage supplémentaire dans la pièce d'un quartier et demi, sans augmentation de salaire ; — 1669 (E. 444). — Marché

(1) Aujourd'hui encore on appelle « *recouler* », remplacer par des sarments racinés, des plants qui n'ont pas réussi.

(2) Sarment raciné (formant chevelure).

(3) Cette opération consiste à empêcher la pourriture des raisins qui traînent à terre. Elle est inutile dans les vieilles vignes dont le tronc est élevé.

(4) Cette opération consiste à ne laisser dans le cep que les sarments destinés à fournir la taille de l'année suivante. Elle se pratique avant l'hiver et porte encore le même nom aujourd'hui. Nous ne l'avons rencontrée que deux fois, ici et en 1603.

(5) Couper les rejets. Équivaut à peu près au pincement des arbres.

passé entre le comte César de Chastellux et Jean Château et ses deux fils, vignerons à Sœuvre (1), par lequel ceux-ci s'engagent à façonner pendant 6 années, les vignes sises à Sœuvre, appelées le *Clos de Chastellux*, contenant environ 140 ouvrées (2). Les vignerons devront faire les façons suivantes : « sombrer, biner et « rebiner, tailler, lever, sermenter, traillier, ployer, essacer (3), « accoler, racoler et relever les terres des gardes » ; entretenir les haies, mettre des épines où il sera nécessaire et veiller « à prendre « garde qu'il ne se fasse desgatz ». Pour le glui qu'ils fourniront pour attacher ces vignes, ils auront droit à une partie de pré de l'*haste Rafaux*, et pour les osiers qu'ils devront fournir, ils auront le droit de prendre ceux qui sont plantés dans ledit clos. En outre, ils ne pourront tailler, ployer et sombrer qu'après en avoir sollicité et obtenu la permission de M. de Chastellux. Ce marché est consenti moyennant la somme de 300 l. t. par an. (Acte signé : Chastellux.)

2° *Champs et bois*. — 1511 (E. 376). — Engagement par Micheau Doblet, de « deffricher, arracher, asserté et laborer « à taille ou- « verte, faire le boys à mosle, les fagons, » d'un arpent de bois situé à Perrigny, près la rivière de Beaulche, appartenant à Germain Potier, pour la somme de 8 l. t., à payer en « arrachant et assertant » ledit bois ; — 1568 (E. 390). — Marché par lequel Pierre Duvert et autres s'engagent envers Mathieu Contesse, marchand à Auxerre, à faire « en une pièce de boys et taillys, « contenant « vingt-cinq arpens, la quantité de cinq à six cents thoises de « fossez à lentour et des longs d'icelluy boys ou taillys, ou plus « s'il s'en trouve à faire, de largeur de cinq piedz et de quatre « piedz de creux... » moyennant le prix de 3 s. t. par toise, et sous condition d'y travailler sans interruption. Il est convenu qu'ils prendront à leur profit les *coques* et ce qui se trouvera dans la largeur desdits fossés « hormis les grands chesnes si aulcungs « sen treuvent » ; mais par contre, ils ont promis d'émonder les baliveaux qui seront près du bord du fossé.

---

(1) Hameau de la commune de Fontenay-près-Vézelay (Yonne).

(2) L'ouvrée dans l'Yonne variait entre 4 ares 28 centiares et 6 ares 38 centiares. (Quantin, Tableaux des poids et mesures de l'Yonne. Auxerre 1889.)

(3) Sans doute ébourgeonner, façon que dans l'Auxerrois on appelle *assommacer, essommacer*.

www.ingramcontent.com/pod-product-compliance
Lightning Source LLC
Chambersburg PA
CBHW071420200326

41520CB00014B/3506